# 언어영역 (3~6세)

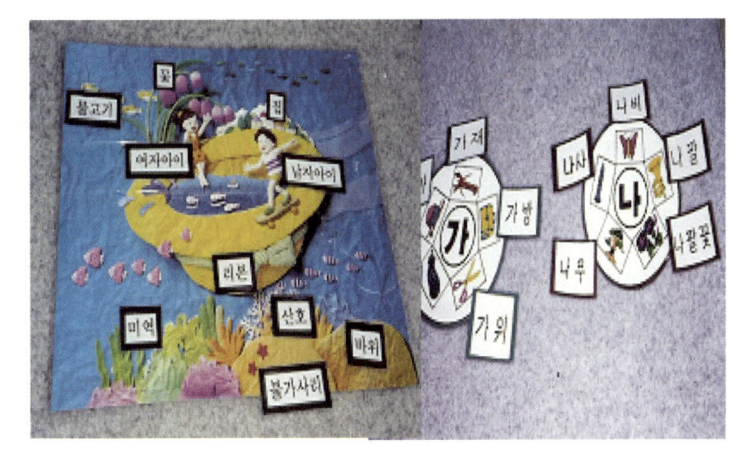

권명자 지음

도서출판 몬테소리

# 머 리 말

　본 언어영역 지도서는 몬테소리 교육방법을 중심으로 유아(3-6세)들의 언어지도방법을 제시하였다. 흔히 언어나 수학을 '도구교과' 라고 칭한다. 그 까닭은 언어는 생활의 필수적인 도구이고 타 학문의 기초가유 되기 때문이다. 영아의 언어발달에서도 그 아이가 옹알이를 언제하게 되었는가? 는 매우 중요한 부분이다. 그것은 그 아이의 모든 발달은 언어와 직결되기 때문이다.

　몬테소리는 언어교육에서 모국어와 외국어를 강조하였다. 외국어의 습득은 인간이 세계의 인류평화에 공헌할 수 있는 확장적인 도구적 의미를 가진다. 또 한 가지는 흡수정신이 강한 민감기에 언어습득의 중요성을 강조하였다.

　언어를 익히는 과정은 세계의 어느 어린이나 자신이 속한 모국어의 환경 속에서 거의 같은 방법으로 습득하게 된다. 특히 0세~7세는 유아 발달의 민감기에서 환경으로부터 많은 언어경험을 통하여 인간만의 독특한 언어를 익히게 된다. 따라서 유아기에는 흥미롭고 다양한 언어경험을 할 수 있는 교육적 배려가 필요하다. 결국 교사나 부모가 유아에게 주는 언어적 경험에서 아이의 언어능력은 발달하게 된다. 본 자료에서 기본적인 몇 가지의 몬테소리 교육의 철학적 배경은

　- 몬테소리 교육을 뒷받침할 수 있는 철학적 배경과 교육과정 운영방법의 특이함을 볼 수가 있다. 즉 아동의 특성과 적성을 존중하며 아동의 신체적 욕구, 정서적 욕구, 사회적 욕구, 문화적 욕구, 영적 욕구 등 인간의 원초적인 욕구충족에 대한 배려와 존중을 중시하였다. 따라서 지도자는 아이를 잘 알아야 한다. (follow the child)는 점이다.

　- 몬테소리 교육과정은 어떤 단순한 방법론적인 것이 아니며 0-3세, 3-6세, 6-9세, 9-12세의 단계별, 개인별 지도가 이루어 질수 있는 교육과정을 가지고 있다.

　- 몬테소리 언어교육 역시 준비된 교사와 준비된 환경을 중시한다.
준비된 교사란 풍부한 지식의 소유자, 창의성, 봉사성, 인류애를 지닌 바른 인성을 갖춘 교사를 의미하며 준비된 교구환경이라 함은 아동의 구체적 및 반구체적인 교구가 갖추어진 교실의 교구화, 즉 학습일감(work)인 필수적인 기본교구(material)를 의미한다.

　- 각 개인의 발달능력에 따라 자기 주도적인 언어활동이 이루어지며 개개인의 학습속도에 따라 반복활동과 '개별화교육이 이루어진다.

　- 유아의 언어활동은 주로 바르게 듣기, 쓰기, 말하기 등의 언어와 관련한 총체적 활동이 이루어진다. 유아는 자신의 선택활동과 고학년으로 갈수록 자기 주도적 학습으로 추상화 작업이나 응용 등의 심화 학습활동(research)이 이루어진다. 결국 어린이들이 스스로 공부를 하는 방법을 배우는 것이다. 즉, 자료를 찾는 방법이나 변형, 확대, 응용의 발전적이고 창의적인 언어습득 방법이 숙련되어 진다.

　본 자료에서는 경우에 따라서 모국어와 외국어(영어)지도를 함께 제시함도 무방하다. 교사의 지도계획에 따라 분리, 통합하거나 내용이나 지도 시간의 재구성도 바람직하다. 특히 유아의 언어장애의 여부를 면밀히 관찰하여 조기발견에 의한 치료가 이루어져야 한다.

　그동안 본 지도서의 제작기간은 오랜 기간이 소요되었으나 미흡한 부분은 지속적인 연구로 수정·보완하여 활용하시기 바란다. 특히 교구 제시 란의 흑백처리는 아쉬운 점이다. 끝으로 관심을 가지고 도와주신 사)한국몬테소리교육협회와 미국 Xavier 대학의 A.M.S 교수님께 감사를 드린다.

지 은 이

http://www.montessori-k.co.kr

# 일 러 두 기

본 언어영역 지도서의 활용에 대한 이해를 돕고자 몇 가지의 일러두기를 제시한다.
우리나라 유아 교육과정 편성. 운영의 기본지침을 보면 유아의 건강생활, 사회생활, 표현생활, 언어생활, 탐구생활 등의 균형있는 발전에 그 목표를 둔다.
인간은 환경 속에서 언어라는 수단을 통해 대인관계를 형성해가고 언어로 사물을 인식하고 생각하고 표현하며 창조하게 되므로 언어생활은 모든 유아 발달의 기본도구가 된다.
유아의 언어능력을 향상시키기 위해서는 흥미로운 학습 방법과 충분한 언어적 경험으로 어휘력을 길러야 한다. 특히 언어생활의 기본인 듣기, 말하기, 쓰기, 읽기의 기초적 경험을 쌓는다, 더 나아가서는 언어의 소중함과 신비감을 느끼고 문화유산으로써 우리 언어를 사랑하고 계승 발전시킬 수 있는 기초를 경험한다.
지도서의 **각 주제별 활동지도안의 내용은** ①주제 ②대상 연령 ③교구 ④목적(직접목적과 간접목적) ⑤선행학습 ⑥언어 ⑦교구제시 ⑧활동과정 ⑨흥미 점 ⑩실수정정 ⑪변형확대 및 응용 ⑫지도상의 유의점 ⑬관찰(평가) 등으로 제시하였다. 한 가지 유의할 점은 모든 어린이들의 학습 활동은 개인별 학습속도, 흥미 그리고 개발되어져야 할 잠재능력을 염두에 두고 학습활동에 신축성, 융통성을 두어야 한다.

## 1. 주제
학습 주제는 언어적 경험활동의 내용을 쉽게 알아 볼 수 있도록 교구의 이름, 활동내용 등을 간단한 용어로 함축하여 제시하였다. 주제는 아이들에게 호기심을 주어야 할 것이다.

## 2. 대상 연령
본 활동은 3-6세, 6-9세 수준을 중심으로 생활과 가까운 내용을 제시하였다. 그러나 연령의 획일성보다는 어린이 개인의 성장발달속도나 발달수준을 배려하여 지도해야 한다.

## 3. 교구
교구는 학습의 주제 해결을 위해 필요한 **준비된 교구환경(교구)**을 제시하였다. 그러나 본 교구 외에도 변형 추가의 필요성에 따라 보완함이 바람직하다. 그러나 언어교구는 실물은 물론 제작된 기본교구나 손수 개발 제작해서 사용한다.

## 4. 목적
몬테소리 지도안의 특징으로 볼 수 있는 학습목표는 직접목적과 간접목적이 있다.
직접목적은 주로 아동개개인의 발달상의 목적으로서 본 시간에 달성할 목표를 의미하며 간접목적은 직접목적 외에도 본 활동에 의하여 달성되는 포괄적인 차원의 발전적인 미래의 목적을 의미한다.

## 5. 선행 학습
선행 학습은 직접 선행학습과 간접 선행학습으로 나누어 볼 수가 있는데 유아에게 있어서. 직접 선행학습은 본 주제를 해결하기 위한 준비된 기초학습이며 간접 선행학습은 꼭 언어만이 아니더라도 질서감, 협동감 등 통합적으로 학습된 여러 가지를 의미한다. 선행학습의 필요성은 다음 활동의 시행착오를 줄이기 위한 것이다.

## 6. 언어

흔히 언어지도를 국어에서만 하는 것으로 간주하기 쉬우나 동물에 관련한 언어, 식물에 관련한 언어 그리고 지리·역사·과학 등 모든 일상과 관련한 학문적인 다양한 언어 경험들을 수없이 접하면서 다양한 언어를 습득하게 된다.

## 7. 교구 제시

교구 제시는 아동들에게 정확히 제시되어야 한다. 본 지도서의 교구 란에서는 교구활용 상황을 쉽게 볼 수 있고 학습하는 방법을 감지할 수 있도록 하였다. 본 교구 란의 교구 제시는 색상처리가 마땅하나 여러 가지 여건상 흑백으로 처리한 점은 아쉬운 일이다.

## 8. 활동 과정

활동과정에는 수업의 진행 상황을 제시하였다. 교사의 지도방법에 따라 더욱 다양한 교수·학습방법을 개발하여 실시함이 바람직하다. 활동과정에서 반드시 유의할 점은 교사의 정확한 제시이며 유아가 구체적인 교구를 스스로 선택하는 등 자기주도적인 학습활동과 집중력으로 사고력, 창의력을 신장시켜야 한다. 각 활동 전개 시에 대집단활동, 그룹 활동, 개별 활동 등이 이루어지며 아동을 1-2명 또는 1-4명을 초대하여 활동이 제시되는 경우가 많다.

수업 끝에는 항상 교구를 제자리에 정리하도록 함으로서 질서감과 안정감을 갖게 한다.

## 9. 흥미 점

흥미 점은 그 자료 활용에서 소리나 그림, 실물의 모양·색깔 등, 흥미롭거나 매혹적인 것이 무엇인가를 오감을 통해서 느낄 수 있는 점을 제시하였다. 본 장에 제시한 외에도 유아 개인에 따라서는 여러 가지 다양한 흥미 점을 발견하게 될 것이다.

## 10. 실수 정정

실수 정정은 자료 활용이나 학습방법기술의 부족으로 발생될 수 있는 상황을 사전에 감지할 수 있도록 하였고 문제를 정정해주기 위한 상황이나 정정 방법을 제시한 것이다. 학습활동에서 생기는 오류나 실수는 교사의 면밀한 관찰과 신속한 대처로 자연스럽게 정정되어야 할 것이다.

## 11. 변형확대 및 응용

유아의 학습 활동은 본시의 활동으로 끝내는 것이 아니고 더욱 발전적인 추가(심화)활동으로 발전됨을 제시하였다. 즉 학습활동에서 변형이나 확대 그리고 응용하여 새로운 정보를 찾거나 무엇인가를 창출해낼 수 있도록 한다.

## 12. 지도상의 유의점

학습목표 도달을 위하여 학습활동에서 오기 쉬운 시행착오를 사전에 줄이기 위한 것으로 실험과정에서 나타났던 내용들을 제시하였다. 즉 학습계획 단계에서 평가까지 각종 야기될 수 있는 여러 가지 유의점이나 사전의 보완사항을 제시하였다.

## 13. 관찰(평가)

평가는 대개 직접목적과 밀접한 관련을 가지고 있으며 아동 스스로의 활동, 또는 교사의 관찰에 의한 누가 기록 등 다양한 평가방법에 따라 이루어진다. 따라서 본란에는 수업목표와 관련된 평가 내용들을 제시하였다. 몬테소리교육방법에서 유아의 평가는 과정중심의 평가이며 개인별 능력을 중심으로 절대 평가나 수행평가가 이루어진다.

# 몬테소리의 언어교육

## 1. 언어 교육
- 인간이 동물과 구별되는 점은 언어가 있어서 어떤 것에 대한 자신의 개념과 생각을 표현하고 기록하는 인간만의 특성이 있다는 점이다. 언어란 고도의 두뇌 기능을 말하며 과거, 현재, 미래를 연결시키고 지적 활동의 근본이 된다. 따라서 인간의 언어발달은 모든 교육영역을 뒷받침 할 중요한 기반이며 언어능력이 강할수록 탁월한 자신의 능력을 발휘할 수 있다. 몬테소리는 'the absorbent mind'에서 언어는 '집단적인 (collective) 생각과 도구'이며 아이의 민감성은 자신의 발달을 위해서 언어를 열심히 배울 수 있도록 자극을 한다. 고 했다. 아이들의 언어발달은 어떠한 법칙을 따르면서 그 법칙 안에서 발달한다.
- 언어는 모방이나 암기로만 습득되지 않으며 유아는 소리를 내는 능력과 모국어 수행능력을 가지고 일생동안자신의 언어적 배경을 중심으로 언어라는 수단을 통해 사물을 인식하고 생각하고 표현하고 창조하며 대인관계나 사회생활을 영위해 갈 준비를 한다.
- 인간의 언어적 경험에서 최초로 익혀지는 언어는 일상생활의 용어이며 이것은 쓰고 읽는 문자 언어의 기초가 되고 전 세계의 모든 인간들은 자신이 속해 있는 곳의 모국어를 기반으로 비슷한 언어적 경험과 언어 발달단계를 거쳐 습득하게 된다. 다양한 언어경험은 인사, 가족, 신체, 집안의 사물, 수세기, 색, 동물, 감정 ,의 ,행동, 음식, 계절, 휴일 시간 등에 의한 것이다. 인간이 언어를 배우는 방법은 1)모방과 기억 2)천성적인 언어의 기제 3)특정한 발달단계를 거쳐 배우게 된다.
- 유아기의 언어표현의 시기는 출생에서 3세까지로 자연스럽게 말하는 현상이 나타난다. 이 시기의 유아는 환경으로부터 많은 인상들을 흡수하고 본능적인 힘에 의해서 자신의 내적인 힘을 모두 발휘하게 되므로 교육적인 배려도 이 내적인 힘을 자연스럽게 발달시킬 수 있도록 도와주어야 한다.
- 몬테소리는 언어발달의 시기를 민 감기(0-7세)의 흡수정신(Absorbent mind)에 둔다. 흡수정신을 통해 유아는 어휘나 단어, 구문을 배우고 그 의미를 깨닫게 된다. 민 감기는 아주 어린 유아라 할지라도 어떤 소리가 날 때 그 소리에 관심을 가지므로 유아가 이 시기에 쓰기와 읽기, 말을 어떻게 배우는가를 아는 것이 중요하다.

## 2. 말하기의 두 가지 요소
- 몬테소리의 언어발달을 결정짓는 요소를 1)흡수정신, 2) 언어의 민감기 3) 기계적인 요소(소리를 만들어 내는 능력)와 정신적인 요소(흡수적인 언어가 시작)로 제시하였다
 1)기계적인 요소 - 소리를 만들어내는 능력으로 8-9개월 정도가 되면 옹알이를 통해서 의미를 마음 속에 내재하고 돌 무렵이 되면 어른이 말하는 소리를 반복해서 낼 수 있다.
 2)정신적인 요소 - 민감기인 9개월 정도부터 단어와 의미를 매치시키면서 비록 소리를 말하지는 못하나 단어와 의미를 알고 연결시킬 수 있다.
 이 두 가지 요소가 서로 상호작용으로 주위의 소리를 모방하게 되고 소리와 의미를 연관시키게 되면서 폭발적으로 언어발달이 시작된다. 아동에게는 구체적이고 사용하기 편한 명사가 제일 먼저 발달하고 차차 더욱 세련되고 복잡한 언어발달로 이어지게 된다.

## 3. 언어의 두 가지 형태
- 언어에는 말하기와 쓰기로 분류하는 표현적(encode)언어와 듣기와 읽기로 나뉘는 수렴적(decode) 언어의 두 가지 형태로 이들은 서로 상호작용을 한다. 몬테소리는 수렴적 언어가 표현적 언어보다 훨씬 중요하다고 하여 쓰기를 가르치기 전에 읽기를 먼저 가르치는 전통적인 절차를 뒤바꾸게 하였다.
- 쓰기는 유아기에 근육감각이 가장 높은 발달을 하여 별 문제가 없고, 상징을 통해서 자신의 생각을 표현하지만, 읽기는 단어의 의미를 파악하기 위해서 목소리의 조절과 표시에 대한 해석능력이 포함되어야 하기 때문에 높은 지적발달과 오랜 기간의 교육이 요구되므로 언어영역에서 읽기가 가장 나중에 발달한다고 보았다, 읽기의 기초가 되는 것은 듣기, 말하기 로 비롯한다고 하였다.

- 몬테소리는 유아의 언어교육은 아이의 삶이 정상적으로 그 폭을 넓혀 갈 수 있도록 적극적으로 지원해야 하므로 교사는 모든 지식이 기계적인 주입보다는 언어의 신비적 일깨움을 주도록 지도되어야 함을 강조한다.
- 몬테소리의 준비된 언어 환경은 모든 영역이 언어발달을 돕도록 꾸며졌다. 일상생활에서는 손의 움직임을 세련되게 하며 모든 일을 완벽하게 끝내는 것을 배우고 집중력, 질서감, 독립심을 갖게 되는데 이러한 요소들이 언어발달을 더욱 도와주는 요소로 작용을 한다.
- 감각영역에서는 오감을 말로 표현함으로써 구체적인 언어가 습득되어지고 감각교구를 만지면서 손의 감각이 세련되고 정련되어 조절능력이 발달하여 가볍게 연필을 잡아 쓸 수 있게 된다. 이때 청각적인 구별능력도 점차 생기게 된다. 아동이 오랜 기간에 걸쳐 일상생활, 감각활동, 언어발달, 운동발달의 네 가지 영역들을 통해 언어를 익히기 위한 준비과정을 마치고 나면 교사는 문자언어보다 직접적으로 관련된 활동들을 도입하기 시작한다. 이러한 것들은 아동의 정신적 측면과 관련된 것이다. 아동은 관찰과 판단의 특별한 자질을 개발할 뿐만 아니라 그가 관찰하는 물건들은 그의 마음속에 생긴 질서에 따라 제자리에 놓을 수 있고 정확히 분류된 적절한 명칭위에 놓여진다.

## 4. 몬테소리의 대표적인 언어교구 개발

- 감각교구, 수 교구, 일상생활 교구를 많이 고안했지만 대표적으로 보는 언어영역 교구(Language Materials)중에는 철판도형, 모래종이글자, 이동자모 등 세 가지를 들 수가 있다.

1)철판도형(metrical Insets):아동은 손의 움직임으로 연필 잡는 능력을 배우며 아동의 쓰기를 돕는 교구이다.
2)모래종이 글자(Sandpaper Letters)로 손의 근육 움직임을 정련 화하고 교구로 문자의 구성을 이해하며 소리와 의미를 연결시켜준다. 그렇기 때문에 쓰기와 읽기를 동시에 가르쳐 주는 교구가 된다.
3)이동자모(Moveable Alphabet): 아동은 민 감기에 있을 때 단어를 분리했다가 붙이기를 좋아한다. 쓰기와 읽기를 동시에 가르쳐주는 교구이며 정신적인 지적 과정이 포함된다. 그러므로 철판도형이 기계적인 과정이라면 이동자모는 정신적인, 지적인 과정이라고 본다.

몬테소리는 언어교육 뿐 아니라 아이의 모든 교구 활동에서도 교사가 교사의 생각과 입맛대로 끌어가지 말고 아이스스로가 창조해나가는 교육 즉 ,교사는 '아이를 따르라'(follow the child)라고 했다. 어린이는 무한한 생명의 힘이 깃들어 있으나 그 힘을 성인들의 입장에서 아이는 연약하다고 판단하여 부모나 교사들의 의도대로 쉽게 길들여 질 수 있다. 그러나 아이는 그들 자신의 천성의 힘에 의하여 스스로 발달하도록 그들의 작업을 존중해 주어야 한다. 교사는 아이의 내적 발달과 자신감에 대한 그들의 잠재력을 최대한 개발시키는 마음으로 교구를 만들고 제공해야 할 것이다.

## 5. 몬테소리 언어교육 내용
-읽기와 쓰기의 준비단계 2)말하기(구두 단계)와 듣기 단계 3)쓰기단계 4)읽기단계 5)문법단계 등이다.
-언어를 습득하는 기술은 1)듣기, 2)말하기전의 이해, 3)단어말하기, 4) 개념의 소통, 5)사회적인 상호작용, 6)시각적 기호의 이해, 7)들리는 차례 기억 8)쓰는 순서알기 9)듣고 말하며 쓰기 등 이다.

- AMS 수강내용 참조

# 차 례
(언어생활 6~9세)

## 1. 초기 언어적 경험 (읽기, 쓰기 준비)

활동(1) 인사나누기(구두 언어) ········································· 9

활동(2) 짝 맞추기(시각적 변별) ········································· 11

활동(3) 패턴 짝 맞추기(시각적 변별) ································· 13

활동(4) 순서대로 배열하기(시각적 변별) ···························· 15

활동(5) 비밀 소리 주머니(청각적 변별) ······························ 17

활동(6) 침묵게임과 청각게임(청각적 변별) ························ 19

활동(7) 음절 듣기기술(청각적 변별) ·································· 21

활동(8) 분류하기(시각적 변별) ·········································· 23

활동(9) 총체적 언어 (책) ················································· 25

## 2. 말하기와 듣기단계(Speech & Hearing)

활동(10) 자기표현 활동 ···················································· 27

활동(11) 어휘 확장 ·························································· 29

활동(12) 장모음 ······························································· 31

활동(13) 사건의 그림 서열화(시각적 변별) ························ 33

활동(14) 사건의 재구성(구두표현 서열화) ························· 35

활동(15) 언어전달게임(듣기) ············································· 37

활동(16) 음절의 수(소리 청각 분별) ·································· 39

활동(17) 동운 어 듣기와 찾기(청각) ·································· 41

활동(18) 아이 스파이(I spy-청각변별) ······························ 43

## 3. 쓰기 단계 (Writing)

활동(19) 모래종이 글자 ············································································· 45

활동(20) 이동자모 소개 ············································································· 47

활동(21) 받침이 없는/ 단모음/ 단자음(분홍색 상자) ······································· 49

활동(22) 받침이 있는/ 단모음/단자음(파란색 상자) ········································ 51

활동(23) 이중모음의 합성(연두색 상자) ························································ 53

활동(24) 이중자음 모음의 합성 (주황색 상자) ··············································· 55

활동(25) 종성이 이중 자음(노란색 상자) ······················································ 57

활동(26) 짧은 어구 쓰기/확장.1 ·································································· 59

활동(27) 어구의 구사 및 쓰기/확장.2 ·························································· 61

활동(28) 철판도형(기계적 쓰기) ··································································· 63

활동(29) 칠판과 종이에 쓰기(기계적 쓰기) ··················································· 65

## 4. 읽기 단계 (Reading)

활동(30) 퍼즐 어 ······················································································ 67

활동(31) 동운 어 읽기 ·············································································· 69

활동 (32) 운율이 있는 글 ·········································································· 71

활동 (33) 첫 번째 읽기학습 (말과 글, 사물과 명칭 분류 ) ······························· 73

활동(34) 두 번째 읽기학습(구와 사물상자, 그림과 명칭, 환경의 명칭) ············ 75

활동(35) 세 번째 읽기학습(그림과 문장카드, 명령카드,책) ····························· 77

활동(36) 세 번째 읽기학습(환경 내의 사물이름) ··········································· 79

활동(37) 도서영역과 책 ············································································· 81

## 5. 언어의 기능 (품사-a Word Class)

활동(38) 명사(Noun) ·················································· 83

활동(39) 동사(Verb) ·················································· 85

활동(40) 형용사(Adjective) ········································· 87

활동(41) 관형사(Article) ············································· 89

활동(42) 조사(a postpositional) ·································· 91

활동(43) 부사(Adverb) ··············································· 93

활동(44) 대명사(Pronoun) ·········································· 95

활동(45) 전치사Preposition) ······································· 97

활동(46) 접속사(Conjunction) ····································· 99

활동(47) 감탄(Interjection) ········································ 101

## 6. 총체적 언어의 활용

활동(48) 문장의 분석과 구성(의성어, 의태어) ················· 103

활동(49) 문예(동화, 동시, 동요) 발표회 ························· 105

활동(50) 문장 및 언어 확장(단어책, 존댓말, 합성어, 화폐세기) ········· 107

활동(51) 창작 및 탐험 활동(긴 이야기 쓰기) ···················· 109

활동(52) 창의적 표현(나의 책 만들기) ··························· 111

## 부 록

························································· 113

# 몬테소리 권 명 자

www.montessori-k.co.kr

www.MONTESSORI-K.co.kr

## 누구나 쉽게 만들어 잘 가르치고 배울 수 있는

## 교수·학습을 위한 자료제작 기본 교구집

- 교수·학습의 활용성, 경제성, 연구성, 수월성을 갖춘 교과별 학습 자료
- 5년간 유치원과 초등학교의 현장적용 연구와 검증을 바탕으로 한 본 몬테소리교구는 창의적인 교수·학습 지도에 필요합니다.
- 활용 대상: 유치원, 어린이 집, 초등학교, 방과후 교실, 가정 방문교육 등

■ www.montessori-k.co.kr에는
유아(유치원, 어린이집) 초등학교의 학습지도 동영상 및 몬테소리교육관련 이론 및 전국 시범공개의 검증 결과와 그 외에 일반 동화, 바른 사람 만들기'를 위한 훈화동화 일부와 자료들을 보실 수가 있습니다.
(서울00초등학교 혼합연령 혼합연령 학급운영의 수업내용 중심)

■ 본 교구 집은 복사하는 일을 줄이고 누구나 쉽게 만들어 교실의 교구화가 가능하며 학습의 효율성을 높입니다.

### 권 명 자 지음

- 서울잠일초등학교장(전)
- 사)한국몬테소리교육협회장(전)
- 서울초등몬테소리교육연구회장(전)
- 서울교육수연교육연구관(전)
- 평화보육교사교육원장(현)

### 〈본 교구집은〉
- 누구나 쉽게 교실의 교구화 가능하다.
- 흥미 선택활동 및 자기주도적 학습능력을 신장시킨다.
- 사고력, 창의력신장 및 영재성 개발에 도움을 준다.

### ◆ 유아·초등 공용

| 순 | 교구제작의 실제 | 정가(원) |
|---|---|---|
| 1 | 동물자료제작(상) | 15,000 |
| 2 | 동물자료제작(하) | 15,000 |
| 3 | 지리자료제작(상) | 13,000 |
| 4 | 지리자료제작(하) | 13,000 |
| 5 | 식물자료제작의 실제 | 15,000 |
| 6 | 역사자료제작의 실제 | 15,000 |
| 계 | 6권 | 86,000 |

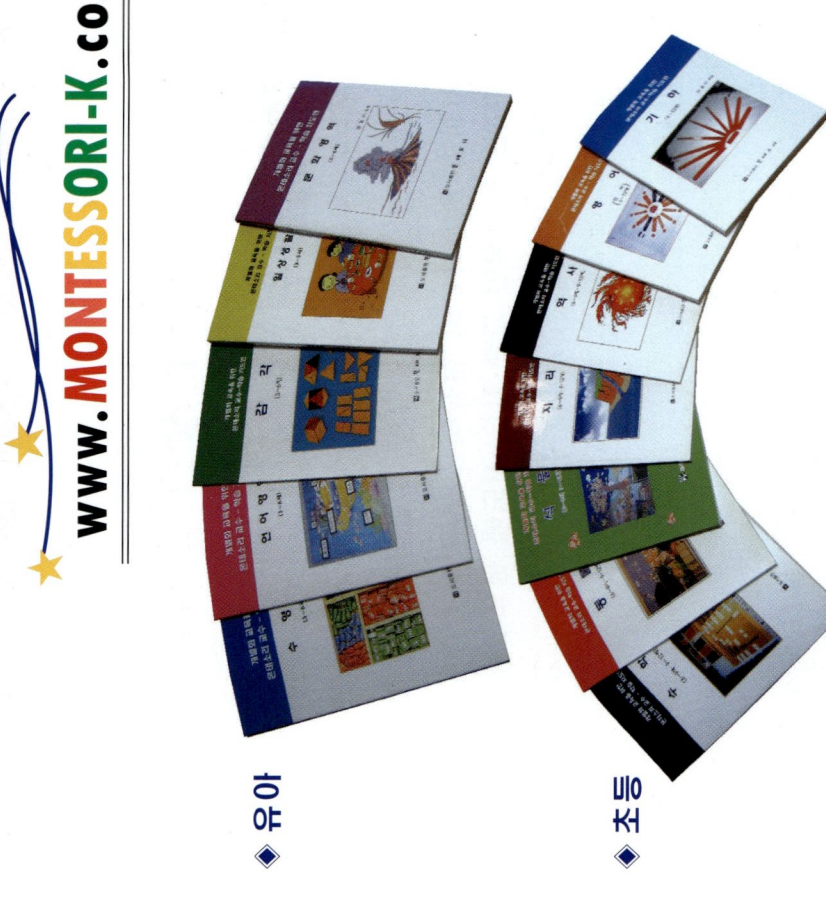

# 1. 초기 언어적 경험(읽기, 쓰기준비)

## 활동(1)

| 주 제 | - 구두(口頭) 언어 -<br>인사나누기 | | 대상연령 | 만 1세반 |
|---|---|---|---|---|
| 교 구 | 코팅하여 만든 유아 사진이 붙은 이름표가 든 바구니, 그림이나 실물용기, 이동자모 모래종이글자, | | | |
| 목 적 | 직 접 | • 말을 바르게 할 수 있고 남의 말을 잘 들을 수 있다.<br>• 읽기와 쓰기의 준비를 한다. | | |
| | 간 접 | • 자신의 의사를 정확히 표현할 수 있다.<br>• 말하기와 듣기의 언어적 아이디어를 개발시킨다. | | |
| 선행학습 | 테이프의 이야기 듣기 | | | |
| 언 어 | 말하기, 듣기, 안녕 , 잘 잤니? 즐겁게 공부 하자 또 만나자, 잘 가 | | | |
| 교 구<br>제 시 | | | | |

| | |
|---|---|
| 활동과정<br>(상호작용) | ● 활동 명: 구두 언어 (읽기와 쓰기의 준비)<br>제시1) 출석 부르기<br>• 대집단 형태로 모여 앉은 후 유아의 이름을 천천히 한사람씩 부른다.<br>• 유아는 자신의 이름을 듣고 예! 하고 크게 대답하고 자신을 확인한다.<br><br>제시2) 운율게임<br>• 아동을 초대하고 자신을 소개한다.(나는 ○○○입니다.)<br>• 나는 누구입니까? (나는 김철수입니다.)<br>  당신은 누구십니까?(나는 선생님입니다.)<br>• 친구들의 모습을 보고 이야기를 한다.(옷, 머리핀, 등)<br><br>제시3)환경안의 사물들의 이름을 확인하기<br>• 운반이 불가능한 시설은 직접 다니면서 이름을 확인하기(이름을 써주고 물건에 붙인다.<br>• 운반해 온 물건의 세부명칭 말하기(컵, 손잡이, 주둥이, 밑받침 등)<br><br>제시4) 문답놀이<br>• 유아들을 소집단이나 개인적으로 앉게 한 후 교사는 유아의 눈을 마주 보며 간단한 문장을 말한다.(○○○는 그림을 그립니다)<br>• 교사는 유아들에게 질문한다,(○○○는 무엇을 하니?)<br>  교사는 재차 질문을 한다.(그림을 그리고 있는 사람은 누구입니까?)<br>• 목적어가 있는 간단한 문장을 말하고 동사, 주어, 목적어를 질문한다.<br>( 명수는 나무를 그린다.)<br><br>제시5) 지시놀이<br>• 여럿이 손잡고 빙빙 돌다가 교사의 지시에 따라 행동 한다.<br>  (○○○는 방석위에 앉아 보아요, ○○○는 의자에 앉아요. 등)<br>• 아이의 수준에 따라 한 가지씩 또는 두세 가지의 행동을 해 본다. |
| 흥미 요소 | 새 친구들의 얼굴과 이름을 아는 것 |
| 실수정정 | 친구들과 잘 사귀지 못할 때 |

| | | |
|---|---|---|
| 변형 확대<br>및<br>응 용 | • 여러 가지 사물의 이름을 친구들에게 소개할 수 있는가?<br>• 사진을 보고 문답놀이 하기<br>• 점차적으로 질문을 늘려 육하원칙(누가, 언제, 어디서, 무엇을, 어떻게, 왜)에 따라 조화롭게 이끌 수 있도록 한다.(과거, 미래의 일) | 지 도 상 의 유 의 점 |
| | | • 유아들의 대답을 관찰하여 단계에 맞는 문장을 선택한다. |
| | | 관 찰 (아 동 평 가) |
| | | • 물음에 따라 정확한 답을 할 수가 있는가? |

## 활동(2)

| 주 제 | 시각적 변별<br>짝 맞추기(Matching) | | 대상연령 | 만 2세반 |
|---|---|---|---|---|
| 교 구 | 서로 다른 조개껍질, 서로 같은 두 개씩의 사물들, 사물과 같은 그림이나 사진 6~8쌍 정도 실물그림과 언어 카드, 두 개씩의 용기. 교사의 창의적인 짝짓기 교구 | | | |
| 목 적 | 직 접 | • 시각적으로 실물과 사진을 짝짓기 할 수 있다.<br>• 같은 것끼리 짝을 지을 수 있다. | | |
| | 간 접 | • 유사함과 차이점을 인식하는 능력을 개발시킨다.<br>• 수학정신, 질서감을 기른다. | | |
| 선행학습 | 옮기기, 같은 것과 다른 것의 분류, 깔개와 테이블 사용 | | | |
| 언 어 | 조개, 조개껍질, 사진. 비교, 짝, 같다(같은 것), 다르다(다른 것), 짝짓기<br>그 외에 짝짓기에 필요한 언어 카드 | | | |
| 교구<br>제시 | | | | |

| | |
|---|---|
| 활동과정<br>(상호작용) | ● 활동 명: 짝 맞추기 (위의 그림은 AMS 수강 자료임)<br>• 같은 것과 같지 않은 것에 대하여 이야기 나누기<br>  아동을 초대한 후 오늘은 '조개껍질 짝짓기' 라는 것이야<br><br>제시1) 사물과 사물 짝짓기<br>• 실물과 사진을 짝지어 놓기<br>  실물 하나를 먼저 왼쪽상단에 놓은 후 다시 다른 하나를 그 옆에 놓아<br>  보고 같으면 그 옆에 놓고 다르면 다시 고른다.<br><br>제시2) 사물과 그림(사진)짝 짓기<br>• 조개껍질을 먼저 놓고 다음에 조개껍질 사진을 대보고 맞으면 나란히<br>  놓기.<br>• 조개껍질 사진과 조개껍질을 대조하여본다.<br>  "이 둘은 같지 않아." "이 둘은 짝이 되지 않아."<br>  "이 둘은 같구나. 그것들은 짝을 이뤘어."<br>  둘이 같지 않으면 짝이 될 수가 없고 같으면 짝이 될 수가 있어(계속)<br>  이 작업은 조개껍질 짝짓기란다. " 따라서 말해 보겠니?"<br><br>제시3) 사물과 명칭짝짓기<br>• 명칭카드를 매트의 왼쪽 상단부터 먼저 놓고 명칭에 따라 사물을 찾아<br>  놓는다. 이 때 교사가 사물의 글씨는 읽어 준다.<br><br>제시4) 실물-사진-명칭카드-정의카드 짝짓기<br>  교사의 창의적인 짝짓기 교구로 제시 |
| 흥미 요소 | 여러 가지 방법으로 짝짓기를 하는 일 |
| 실수정정 | 사물의 다른 모양, 그림 뒤의 스티커. |

| | | |
|---|---|---|
| 변형 확대<br>및<br>응 용 | • 스티커를 이용한 카드, 알파벳 카드 등을 이용한 변형이 가능하다<br>• 하나의 주제로 묶일 수 있는 사물 세트<br>예)집, 농장, 가족, 의류, 음악, 나라, 여행, 정원 등<br>• 한글 자모나 알파벳카드 등을 이용한 변형놀이. | **지도상의 유의점**<br>• 같은 것(같다), 다른 것(다르다)용어의 정확히 구분하도록 한다.<br>• 작업을 책상위에서도 할 수 있다.<br><br>**관 찰 (아 동 평 가)**<br>• 시각적으로 같은 것을 가려낼 수 있고 같은 실물, 사진, 그림을 각각 짝짓기 할 수 있는가? |

## 활동(3)

| 주 제 | 시각적 변별<br>패턴 짝 맞추기<br>(Patterning) | 대상연령 | 만 3세 |
|---|---|---|---|
| 교 구 | 패턴카드, 패턴에 따른 실물이나 그림카드, 책상, 매트, 패턴과 같이 짝이 될 수 있는 물건을 담은 바구니, 부직포, 색종이, 2항식 상자 철판 도형 | | |
| 목 적 | 직 접 | • 패턴대로 짝짓는 시각적 변별, 질서감을 기른다.<br>• 패턴을 이해하고 스스로 패턴을 짝짓는 능력을 기른다. | |
| | 간 접 | • 민감기의 질서능력을 향상시킨다.<br>• 패턴을 짝짓는 능력을 개발시킨다. | |
| 선행학습 | 짝짓기 | | |
| 언 어 | 단추, 같다, 다르다, 모양, 패턴 짝짓기 | | |
| 교구제시 | | | |

| | |
|---|---|
| 활동과정<br>(상호작용) | ● 활동 명: 패턴 짝짓기(시각적 변별)<br><br>제시1) 아동초대 및 패턴대로 짝짓기 소개<br>• 교구가 있는 곳을 알려주고 교구를 책상이나 매트위로 놓는다.<br>• 바구니에서 먼저 패턴 카드를 꺼내어 보여준 후 매트의 상단에 놓는다.<br>• 모든 사물을 매트위에 늘어놓기<br>• 패턴카드의 첫 번째 사물을 찾아 패턴 카드 밑에 놓는다.<br>• 패턴을 찾을 때까지 계속한다.<br>  - 네모 모양이구나, 둘 다 네모난 모양이야.<br>  - 둥근 모양이구나, 둥근모양이다. 참 잘했다. 꽃 모양을 찾아볼까?<br>  - 막대 모양도 있구나. 세모 모양도 찾아볼까?<br>  - 다 맞춘 후 맞는지 확인을 한다.<br><br>제시2) 소그룹으로 자신들이 또는 각자 패턴을 정하여 활동한다.<br>• 실내 환경에서 패턴 실물을 선택하거나 패턴을 나중에 정할수도 있다<br>• 패턴 짝짓기 활동은 1)패턴카드와 구슬 끼우기 2)나무 조각블럭과 패턴 카드 3) 패턴 조성하기 4) 몬테소리교구(철판도형, 항식 교구 등)를 이용한 패턴 활동 5)글자패턴/ 숫자패턴 등의 다양한 방법으로 놀이를 한다. |
| 흥미 요소 | 패턴대로 짝을 잘 지었을 때 |
| 실수정정 | 패턴과 짝짓기의 의미를 이해하지 못하고 작업에 임했을 때 |

| | | |
|---|---|---|
| 변형 확대<br>및<br>응 용 | • 한글의 자음, 모음이나 알파벳이나 숫자 모양을 이용한 패턴놀이 | 지 도 상 의  유 의 점 |
| | | • 패턴카드를 2-3개 준비한다.<br>• 패턴에 있는 정확한 수의 실물이나 그림을 준비한다. |
| | | 관 찰 (아 동 평 가 ) |
| | | • 시각적으로 분별하는 능력이 있는가?<br>• 패턴을 잘 보고 패턴 짝짓기를 완성할 수 있는가? |

## 활동(4)

| 주 제 | - 시각적 변별 -<br>순서대로 배열하기 | | 대상연령 | 3세 이상 |
|---|---|---|---|---|
| 교 구 | • 서열성이 있는 그림카드나 실물, 용기,<br>순서를 그린 그림, 서열에 따라 이야기를 만들 수 있는 그림 | | | |
| 목 표 | 직 접 | • 순서를 짓는 능력과 말하기 능력이 향상된다.<br>• 이야기의 부분들에 대한 인식이 증진된다. | | |
| | 간 접 | • 수학적 정신, 시간의 흐름, 질서감에 대한 인식을 높인다.<br>• 순서대로 말하는 능력을 기른다. | | |
| 선행학습 | • 패턴을 보고 짝짓기.<br>선생님이 읽어주셨던 동화내용 | | | |
| 언 어 | 이야기에 나오는 언어 | | | |
| 교구제시 | | | | |

| | |
|---|---|
| 활동과정<br>(상호작용) | ● 활동 명: 순서대로 짝짓기<br><br>• 준비한 여러 가지 물체가 든 바구니를 매트위로 옮겨 놓기.<br>• 순서의 기준을 의논하여 정한다<br>   -큰 순서                             -작은 순서<br>   -색상이 진한 순서              -색상이 엷은 순서<br>   -다각형의 변의 수가 작은 것부터   -변의 수가 많은 것 부터<br>   -올챙이의 다리가 나오는 순서<br>   -새 싹부터 낙엽이 될 때까지- 애벌레가 나방이가 되는 순서<br><br>• 순서에 필요한 용어 익히기<br>   -첫째, 둘째, 세째, 네째-------<br>   -첫 번째 두 번째, 세 번째, 네 번째----<br>   -1, 2, 3, 4,--------<br><br>• 정해진 순서의 기준에 따라서 그림을 차례로 늘어놓기<br>• 늘어놓은 차례를 읽어 보기<br>• 차례대로 놓여 진 그림 카드를 설명하기 |
| 흥 미 점 | 순서를 읽는 용어를 일 때<br>일의 순서대로 그림 카드를 늘어놓고 설명을 하는 것 |
| 실수정정 | 순서의 기준을 이해하지 못할 때 |

| | | |
|---|---|---|
| 변형확대<br>및<br>응 용 | 간단한 사건을 정하고 그림 카드를 만들어 집으로 가지고 가서 가족과 함께 놀이할 준비를 한다 | **지도상의 유의점** |
| | | • 유아 스스로가 패턴을 만들게 한다. |
| | | **관찰 (아동평가)** |
| | | • 실물의 모양을 잘 관찰하고 패턴 짝짓기를 잘 할 수 있는가? |

## 활동(5)

| 주 제 | - 청각적 변별 -<br>비밀 소리 주머니 | | 대상연령 | 3~6세 |
|---|---|---|---|---|
| 교 구 | 소리를 낼 수 있는 사물들을 담은 주머니(곡식 모래, 공, 동전, 방울 가지, 지우개 등)<br>두 개씩 같은 것을 넣은 소리 상자 ||||
| 목 적 | 직 접 | • 청각적 변별력을 기른다.<br>• 소리의 느낌을 감지할 수 있다 |||
| | 간 접 | • 소리를 내는 여러 가지 사물의 이름을 안다.<br>• 여러 가지 소리에 관심을 가지며 소리의 변별능력을 기른다. |||
| 선 행 학 습 | 소리상자, 음감 벨, 여러 가지 소리를 낼 수 있는 생활품 들 ||||
| 언 어 | 말하기, 듣기, 듣기 주머니 ||||
| 교 구 제 시 | ||||

| | |
|---|---|
| 활동과정<br>(상호작용) | ● 활동 명: 비밀 듣기 주머니 (청각적 변별력 기르기)<br>　비밀 듣기 주머니는 감각에서는 촉감으로, 듣기에서는 듣기 주머니로 내용물을 준비한다.<br><br>제시1) 듣기 주머니를 책상 또는 매트의 오른쪽 상단에 놓는다.<br>• 교사는 유아의 오른 쪽에 앉은 후 듣기를 위한 물체주머니를 위 중앙에 놓는다.<br>• 비밀주머니에 손을 넣어 살짝 소리를 내 주며 무슨 소리인지 생각한다.<br>• 왼손으로 주머니의 입을 잡고 오른손으로 물체를 하나 씩 책상의 왼쪽부터 놓는다.<br>• 꺼낸 물체를 하나씩 들고 소리를 내어본다. 이 물체의 이름을 맞추기<br>• 음의 고저나 리듬을 달리하여 청각의 변별활동을 한다.<br>• 활동이 끝난 후에는 다시 하나씩 주머니 속에 물체를 집어넣는다.<br><br>제시2) 듣기 주머니속의 물체소리 제시<br>• 주머니 속에 오른손을 넣어 물체를 한 개씩 집는다.<br>• 주머니 속에서 물체의 소리를 내본다.(소리를 아주 낮추기도 한다.<br>• 무슨 물체의 소리이지요? 또는 어떤 느낌이지요?<br>• 구슬소리, 나무 조각소리, 쇳소리, -바람소리, 걷는 소리, 웃는 소리 등<br>• 소리주머니에서 쇳소리가 났던 물건을 꺼내어 러그의 왼쪽에 놓는다.<br>• 작업 후에는 정리하여 제자리에 놓는다. |
| 흥미 요소 | 주머니 속의 물체 소리를 듣고 그 물건이 무엇이지 알게 되었을 때 |
| 실수정정 | 물체의 소리를 정확하게 변별하지 못할 때. |

| | | 지 도 상 의 유 의 점 |
|---|---|---|
| 변형 확대<br>및<br>응 용 | • 등을 맞대고 한 아동이 음감벨의 소리맞추기<br>(음악 테이프 속에 다른 소리)<br>• 소리를 내주면 듣고 그림을 그려 본다.<br>• 음악을 들려주고 여러 가지 느낌을 말해 본다. | • 아이의 수준에 따라 한 가지 또는 세 가지의 소리를 변별해 본다. |
| | | 관 찰 (아 동 평 가) |
| | | • 소리를 구별하여 잘 듣고 소리를 구별할 수 있는가? |

## 활동(6)

| 주 제 | - 청각적 변별 -<br>침묵게임과 청각게임 | 대상연령 | 만 3세 |
|---|---|---|---|
| 교 구 | 유아가 즐겁게 침묵게임을 할 수 있는 분위기 조성.<br>조용하고 안정된 곳, 전등 끄고 켜는 위치. 소리 원기둥(상자), 모래시계<br>여러 가지 소재의 컵 컵을 두드릴 수 있는 막대 | | |
| 목 적 | 직 접 | • 침묵게임은 유아들의 모든 활동의 심적 안정을 준다.<br>• 주의력 집중력과 눈과 손의 협응력을 기른다. | |
| | 간 접 | • 안정된 마음과 듣기의 능력을 기른다.<br>• 소리의 변별능력을 강화한다. | |
| 선행학습 | 눈을 감아 보는 것 | | |
| 언 어 | 침묵게임, 청각게임 | | |
| 교구제시 | | | |

| | |
|---|---|
| 활동과정<br>(상호작용) | ◉ 활동 명: 침묵게임과 청각게임<br>제시1) 침묵게임의 숙고<br>• 감각영역에서도 실시하지만 듣기학습이 시작하기 전에 침묵게임이나 다양한 청각 학습을 반복하는 것이 좋다.<br>• 이제침묵게임을 시작할까요?<br>　교사는 '조용히'하라는 말을 작고 분명한 말씨로 표현한다.<br>• 교사 자신이 침묵에 몰두하는 것을 보면 유아도 일단 차분해 진다.<br>• 교사가 아주 작은 목소리로 호칭한 유아는 조용히 일어나서 교사가 미리 정해둔 자리 (아이들의 위치는 각기 다른 곳을 사전에 알려 준다)로 가서 눈을 감고 주변의 소리에 귀를 기울인다.<br>• 교사는 "귀를 기우려 들어 보아요.무슨 소리들이 들리는지"하며 속삭이듯이 말한다.<br>• 이 때 아이들은 아주 먼 곳의 소리까지도 들을 수 가 있다.<br>• 같은 방법으로 마지막 어린이 까지 불러 준다.<br><br>제시2) 청각게임<br>• 여러 가지 소리가 나는 물체들이 담긴 교구 쟁반을 두 손으로 들고 와서 책상 위에 놓고 의자에 조심히 앉는다.<br>　이것은 사기 컵, 이것은 플라스틱 컵. 이것은 유리컵이라고 소개하고<br>• 쇠 젓가락으로 살살 두드리며 그 소리를 듣고 소리의 다름을 느낀다.<br>• 소리가 다른 까닭(두드리는 세기, 물체의 재질 등)<br>• 처음에는 눈을 뜨고, 나중에는 눈을 감고 실시한다.<br>• 작업 후에는 교구 쟁반을 제자리에 정리한다.<br><br>제시3) 감각영역의 교실에서 소리가 나는 것 찾아보기의 활동을 상기시키어 나 '따르기' 학습을 실시하여 듣기에 관심을 갖도록 한다. |
| 흥미 요소 | 소란스러운 분위기가 점점 없어지는 점,<br>조용히 들리는 자신의 이름소리를 듣는 것 |
| 실수정정 | 어떤 극적인 활동적인 작업 끝에 바로 침묵게임으로 들어갔을 때, |

| 변형 확대<br>및<br>응용 | • 적절한 시간을 선택하여 침묵게임을 실시한다. | 지도상의 유의점 |
|---|---|---|
| | | • 소란스러울 때는 효과가 없다. 침묵게임에 참여할 수 있는 분위기인지 유의한다. |
| | | 관찰 (아 동 평 가) |
| | | • 진정으로 침묵게임에 임하고 있는가? |

## 활동(7)

| 주 제 | - 청각적 변별 -<br>음절 듣기 기술 | 대상연령 | 3세 이상 |
|---|---|---|---|
| 교 구 | 듣기 소리상자, 소리 나는 여러 가지 물건 들(구슬, 종, 동전, 악기 등), 바둑알, 음절 카드, 소리 듣기 비밀주머니. | | |
| 목 표 | 직 접 | • 소리를 구별하여 잘 들을 수 있다. | |
| | 간 접 | • 여러 가지 소리에 관심을 가지며 소리의 변별능력을 기른다. | |
| 선행학습 | 소리상자, 음감 벨 | | |
| 언 어 | 말하기, 듣기, 소리상자. | | |
| 교제<br>구시 | | | |

- 21 -

| | |
|---|---|
| 활동과정<br>(상호작용) | ● 활동 명: 소리듣기 상자 또는 소리듣기 비밀주머니.<br>제시1) 듣기주머니를 책상 또는 매트위로 나른다.<br>• 교사는 아이의 오른 쪽에 앉는다.<br>• 왼손으로 주머니의 끝을 잡고 오른손으로 물체 하나를 꺼내어 소리를 내어보고 이름을 말한다.<br>• 모든 물체를 꺼내어 위와 같이 책상위에 왼쪽부터 늘어놓는다.<br>• 음의 고저나 리듬을 달리하여 청각의 변별활동을 한다.<br>• 다시 듣기 주머니 속에 모든 물체의 소리를 들어보고 이름을 말하고 집어넣는다.<br><br>제시2) 소리듣기상자를 흔들어 보고 같은 소리가 나는 상자를 짝짓기.<br><br>제시3) 소리듣기 비밀 주머니 속에 오른 손을 넣어 물체소리를 내 본다.<br>• 무슨 소리입니까(구슬 소리, 나무 조각, 소리, 쇳소리 등)<br>• 소리가 나는 물체의 이름을 말한다.<br>• 소리상자에서 소리가 났던 물건을 꺼내어 매트의 왼쪽에 놓는다.<br>• 작업 후에는 정리하여 제자리에 놓는다.<br><br>제시4) 음절소리를 듣고 음절수대로 검은 바둑알 놓기<br>    공-------0(바둑알 1개)<br>    가지-- -0 0(바둑알 2개)<br>    지우개—0, 0, 0(바둑알 3개) |
| 흥 미 점 | • 소리를 듣고 사물을 찾아 맞추는 일 |
| 실수정정 | • 소리를 변별하지 못할 때 |

| | | |
|---|---|---|
| 변형확대<br>및<br>응 용 | • 등을 맞대고 앉아서 한 아동이 음감벨의 소리를 치면 맞추어 보기<br>• 음악 테이프를 들려주고 여러 가지 소리를 알아맞히기 | **지도상의 유의점** |
| | | • 아이의 수준에 따라 한 가지 또는 세 가지의 지시사항을 듣고 소리를 변별해 본다. |
| | | **관찰 (아동평가)** |
| | | • 소리를 구별하여 잘 들을 수 있는가? |

## 활동(8)

| 주 제 | - 시각적 변별 -<br>분류하기(Classification) | 대상연령 | 만 3세 반 |
|---|---|---|---|
| 교 구 | 분류에 적합한 그림들(소라, 조개껍질, 가전제품, 가구 그림, 수저 등) 명확한 범주로 나누어질 수 있는 실물이나 그림 카드, 용기 높이가 다른 작은 컵 | | |
| 목 적 | 직접 | • 분류능력, 관련성에 대한 시각적 변별력을 기른다.<br>• 분류기준을 정하는 지적 능력을 개발한다. | |
| | 간접 | • 다양한 품목들을 특성에 따라 나누는 능력을 개발시킨다.<br>• 질서에 대한 민 감기를 개발시킨다. | |
| 선행학습 | 짝짓기, 패턴 짝짓기 | | |
| 언 어 | 조개, 소라, 분류, 비슷하다, 다르다, 같다 | | |
| 교구제시 | | | |

| | |
|---|---|
| 활동과정<br>(상호작용) | ◉ 활동 명: 분류하기(말하기- 듣기)<br>1) 큰 순서대로 나열하기 2)색깔별로 분류하기<br>3) 키(높이)순서대로 분류하기 제시 4)그림카드 분류하기 등으로 활동한다.<br><br>제시1) 모든 그림카드를 상자에서 꺼내어 놓기<br>• 첫 번째로 그림 하나를 집어 책상의 왼 쪽의 상단에 놓기<br>• 다른 하나를 집어 첫 번째 것과 비교한다.<br>• 다른 종류면 따로 놓고 같은 종류면 첫 번째 밑에 놓기<br>• 모든 그림이 세 그룹으로 나눠질 때까지 계속한다.<br>• 모든 그림을 섞어 상자에 넣기(정리)<br><br>제시2) 실물의 분류(여러 가지 크기가 다른 컵, 소라와 조개껍질 등)<br>• 상자에서 실물을 꺼내서 책상(매트)위에 가지런히 놓는다.<br>• 분류 기준을 정한다.<br>• "이것은 '돼지', 이것은 '해바라기'야 라고 말하며 분류한다.<br>• 유아는 두 가지를 따로 분리하여 책상위에 놓는다.<br>• 그래 이 쪽은 '동물 그룹'이고 저 쪽의 것은 '식물 그룹'이란다.<br><br>제시3) 그림카드(8-12장) 짝 맞추기<br>• 모든 그림을 상자에서 꺼내놓은 후 그중 하나를 책상의 상단에 놓기<br>• 다른 하나를 집어 첫 번째 그림과 비교하여 다르면 첫 번째 그림 옆에 놓고 같으면 밑에 놓는다.<br>• 모든 그림이 두 그룹으로 나누어질 때까지 계속한다.<br>• 분류한 내용에 따라 그룹의 이름을 말한다. |
| 흥미 요소 | 크고 작은 물건을 다루는 것. |
| 실수정정 | 서열의 기준을 정하지 못 할 때 |

| | | |
|---|---|---|
| 변형 확대<br>및<br>응용 | • 일상생활 영역에서 같은 모양의 것을 찾아 분류해 본다.<br>교실, 집, 가구, 이웃, 탈것, 사람, 옷, 슈퍼마켓, 과일, 야채, 생물 동물, 포유류, 개, 식물, 꽃, 야생초, 꽃의 부분, 예술 생활환경의 부분, 풍경화, 자화상, 조각 등 풍부한 어휘경험을 하게 한다. | 지 도 상 의 유 의 점 |
| | | • 조개껍데기와 소라껍데기의 다양한 모양을 주의 깊게 살피고 분류한다. |
| | | 관 찰 (아 동 평 가) |
| | | • 소라와 조개종류로 구분하여 유사함과 다른 점을 찾아낼 수 있는가? |

## 활동(9)

| 주 제 | - 총체적 언어 -<br>책 | 대상연령 | 1.5세 이상 |
|---|---|---|---|
| 교 구 | 이야기, 책(흥미, 의미, 아름다움, 삽화와 내용의 일치감, 표현의 간결성) | | |
| 목 표 | 직접 | • 듣기에 대한 훈련, 정확한 발음, 풍부한 어휘 조화로운 대화, 말하기의 기초가 된다. | | |
| | 간접 | • 듣기의 이해, 어휘력에 대한 민감성이 발달한다.<br>• 자신감, 사회성이 발달한다. | | |
| 선행학습 | 그 동안의 여러 가지 들어온 말 | | |
| 언 어 | 말하기, 듣기 | | |
| 교제<br>구시 | | | |

- 25 -

| | |
|---|---|
| 활동과정<br>(상호작용) | ● 활동 명: 책<br>제시1) 교사의 이야기 들려주기(그림책 활용)<br>• 조화로운•유아들에게 이야기를 들려 줄 많은 기회가 있어야 한다.<br>  (친숙한 이야기,<br>  전래동화, 풍습과 습관, 문화와 역사에 관련된 이야기 동물, 식물 등 다양한 이야기를 유머를 섞어서 자주 반복해서 들려준다.)<br>• 질문을 통해 유아를 이야기 속에 적극적으로 끌어들여 다른 유아들 앞에서 자신의 생각을 말할 수 있는 기회를 준다.<br><br>제시2) 이야기책 읽어 주기<br>• 교사는 유아들의 언어적 수준과 상상력, 집중력, 시간 고려, 축약, 생략이나, 구체적으로 강조할 곳, 속도, 흐름, 목소리, 고저 등에 유의하며 충분한 사전연습이 필요하다.<br>• 이야기책을 읽어 줄 때는 유아가 듣기를 원할 때 유아의 듣는 환경과 태도, 지킬 일 등을 상기시키며 가끔 유아들과 눈 맞춤이 필요하다<br>• 이야기책을 소개할 때 책표지를 보여주고 제목을 안내한다.<br>• 교사가 일방적으로 읽지 말고 유아들의 반응을 살피면서 읽는다.<br>• 유아에게 친숙하고 반복되는 부분은 아이들이 읽게 한다.<br>• 팬터마임이 필요할 때는 유아들에게 해보도록 한다.<br>• 결과를 예측할 수 있는 기회를 준다.<br>• 이야기를 읽고 난 후에는 그림의 실물이나 모형을 보여주기도 한다.<br>• 읽어주기가 끝나면 다시 그림만 넘기며 보여준다.<br>• 토론시간을 갖고 유아들의 사고를 확장하고 강화시킨다. |
| 흥 미 점 | • 이야기 듣고 말하기 |
| 실수정정 | • 미리 준비한 동화 |

| | | |
|---|---|---|
| 변형확대<br>및<br>응 용 | • 동시 읽어주기<br>교훈이 풍부하고 돌림과 반복, 물음과 대답이 있으며 계절감에 일치한 시를 선택하고 낭송 후에는 벽에 부착하여 기억하게 한다. 팬 토마임<br>• 극 놀이(인형극, 줄 인형, 팬 토마임, 그림연극, 손가락 인형 등) | 지도상의 유의점 |
| | | • 교사는 유아의 집중도와 이해도를 고려하여 속도를 조절하면서 정감이 있게 읽어준다, |
| | | 관찰 (아동평가) |
| | | • 교사의 이야기를 듣고 재구성하여 말 할 수 있는가? |

## 2. 말하기와 듣기단계(Speech & Hearing)

### 활동(10)

| 주 제 | 자기 표현 활동 | | 대상연령 | 만 4세 반 |
|---|---|---|---|---|
| 교 구 | 여러 가지 그림, 야외 학습이나 그 동안 경험했던 여러 가지의 사진, | | | |
| 목 적 | 직 접 | • 자신의 표현능력과 논리적 사고를 발달시킨다.<br>• 자신의 표현 활동을 자신감을 가지고 할 수 있다. | | |
| | 간 접 | • 창의력과 자긍심을 기른다. | | |
| 선행학습 | 유희, 활동, 게임 | | | |
| 언 어 | 자기표현 | | | |
| 교구<br>제시 | | | | |

| | |
|---|---|
| 활동과정<br>(상호작용) | ◉ 활동 명: 자기표현 활동<br>-교사는 유아에게 가장 친숙하고 가까운 생활이야기로부터 흥미와 관심거리를 추출해 내 본다.(시장구경, 동물원 구경, 우리 집 이야기 등)<br>• 나는 누구일까요?<br>• 오늘 기분이 좋았을 때   • 기분이 나빴을 때 이야기<br>• 여러 가지 뉴스 이야기   • 요즘 집에서 일어난 일들<br>• 손 유희하기   • 독서했던 일<br>• 동화책이나 그림책을 보았던 이야기 나누기<br>• 현장 학습이나 야외 학습 경험에서 일어 난 일<br>• 어제 있었던 일을 몸 손 언어 등으로 표현을 한다.<br>• 자기 몸으로 신체표현 그리기 놀이<br><br>-자기표현의 예) 엄마가 어제 우리 집에 고양이를 사왔습니다.<br>• 고양이 색깔은 무슨 색깔인가요?<br>• 고양이는 털이 있습니까?<br>• 고양이의 울음소리를 흉내 내어 보세요.<br>• 고양이가 걸어가는 모습을 흉내 내어 보세요.<br>• 고양이 얼굴은 어떻게 생겼습니까?<br>• 발은 몇 개이고 발톱은 어떻게 생겼나요?<br>• 고양이의 눈을 그려 보세요<br>• 고양이의 얼굴을 그려 보세요<br>• 고양이는 어떻게 먹이와 물을 먹나요?<br>이 외에도 그림이나 사진을 제시하고 모든 영역과 관련한 표현 활동을 한다. |
| 흥미 요소 | 신체표현이나 언어로 자신의 의견을 말할 때의 성취감 |
| 실수정정 | 자기의 표현이 매우 소극적일 때 |

| | | |
|---|---|---|
| 변형 확대<br>및<br>응 용 | • 어느 날 동물을 한 마리 갖다 놓고 표현활동을 실시한다.<br>예) 거위, 토끼, 닭, 고양이 등의<br>• 표현활동 | 지 도 상 의 유 의 점 |
| | | • 본 활동은 매일 쉬는 시간이나 간이 이동시간에 활동이 자연스럽게 활동하도록 한다. |
| | | 관 찰 (아 동 평 가) |
| | | • 자기의 표현을 말, 노래, 몸짓 등의 표현을 할 수 있는가? |

## 활동(11)

| 주 제 | 어휘 확장/명칭카드 | | 대상연령 | 만 3세 반 |
|---|---|---|---|---|
| 교 구 | 한 범주에 그림과 이름이 함께 있는 카드세트(정정카드 14cm×14cm), 그림만 있는 카드세트14cm×11cm), 이름만 따로 있는 카드14cm×3cm), | | | |
| 목 적 | 직 접 | • 카드 세트의 활용을 통하여 어휘를 확장시킨다.<br>• 유사함과 차이점을 인지하는 변별능력을 기른다. | | |
| | 간 접 | 그림에 의한 짝 맞추기와 명칭에 의한 짝 맞추기를 능숙하게 한다. | | |
| 선행학습 | 짝 맞추기, 그림카드, 명칭카드 | | | |
| 언 어 | 명칭, 그림카드, 그림이 있는 / 없는 | | | |
| 교구제시 | | | | |

- 29 -

| | |
|---|---|
| 활동과정<br>(상호작용) | ● 활동 명: 언어 확장 학습<br>1)물체의 이름 익히기   2)명칭이 없는 그림의 짝 맞추기<br>3)그림카드 짝 맞추기   4)감각교구의 어휘 등의 활동을 한다.<br><br>제시1) 유아 3-4명을 초대하고 활동 명을 안내한다.<br>• 준비한 명칭이 있는 그림카드와 그림이 없는 카드가 담긴 상자를 매트나 책상의 오른쪽 상단에 놓는다.<br>• 교사는 유아의 오른쪽에 앉는다.<br>• 명칭이 있는 그림카드를 상자에서 모두 꺼내 놓는다.<br>• 명칭이 있는 그림카드를 첫 번째 카드 바로 아래에 놓는다.<br>• 모든 명칭카드를 다 놓을 때 까지 계속한다.<br><br>제시2) 언어카드 찾기<br>• 짝을 찾을 때는 천천히 움직이고 글자나 그림을 자세히 제시한다.<br>• 그림카드를 언어 카드의의 아래에 놓을 때 다시 이름을 말한다.<br>• 그림카드와 언어카드 찾기가 끝나면 다시 명칭을 말한다.<br>• 언어카드와 그림카드, 정정카드를 바구니에 담아 정리한다.<br><br>제시3) 실물과 어휘카드 짝짓기(감각교구의 어휘 활동도 추가)<br>• 정정카드는 모아서 뒤집어 놓고 실물은 꺼내어 나열한다.<br>• 어휘카드를 보고 실물 밑에 맞는 것을 찾아 늘어놓는다.<br>• 그림카드와 명칭카드를 모두 짝지어 놓고 정정카드를 뒤집어 확인한다.<br>• 첫 번째 그림카드를 보고 바닥에 깔린 명칭그림카드를 찾아 그 옆에 놓기<br>• 모든 그림 카드를 이렇게 다 맞출 때까지 계속하여 놓는다.<br>• 맞추기가 모두 끝나면 명칭을 하나씩 하나씩 읽는다.<br>• 명칭그림카드도 순서가 없이 모아서 고무줄에 끼운 후 바구니에 담는다. |
| 흥미 요소 | 어휘카드 짝 맞추기가 잘 되었을 때 . |
| 실수정정 | 명칭이 있는 그림카드를 기준점을 인식하지 못할 때 |

| | | |
|---|---|---|
| 변형 확대<br>및<br>응용 | • 명칭이 있는 그림카드와 그림카드, 명칭카드를 함께 짝을 맞추어 놓은 후 읽어 본다. | 지 도 상 의  유 의 점 |
| | | • 분류된 사물들로 카드를 6~8장으로 하고 그림과 글씨가 질서가 있고 그림의 크기가 균형을 이루어야 한다. |
| | | 관 찰 ( 아 동 평 가 ) |
| | | • 그림과 실물, 또는 명칭카드를 짝지을 수 있고 정정카드를 활용하여 스스로 오류를 정정할 수 있는가? |

활동(12)

| 주 제 | 장모음/ 단모음 | 대상연령 | 만 4~5세 |
|---|---|---|---|
| 교 구 | 이동자모, 쓰기용 매트, 낱말카드(영문 ,한글), 간단한 문장카드, 필기도구, 표음 어와 비표음어를 나타내는 사진과 실물 | | |
| 목 적 | 직 접 | • 장모음의 의미를 알고 장모음에 관심을 가진다.<br>• 길게 소리가 나는 장모음이 있음을 경험한다. | |
| | 간 접 | • 바른 언어를 구사 할 수가 있다. | |
| 선 행 학 습 | 이동자모, 모래글자 | | |
| 언 어 | 장모음과 단모음<br>말, 말, 공, 곰, 기린, 사람, 기린, 가게, 굴젓, 구슬, 가정, 농부 공장, | | |
| 교 구 제 시 | - 장모음과 단모음의 낱말 카드 -<br><br>말 - 말,    굴젓 - 된장,<br>양 - 양,    어부 - 농부,<br>굴 - 굴,    기린 - 기계,<br>새 - 새,    동물 - 장갑, | | |

| | |
|---|---|
| 활동과정<br>(상호작용) | ● 장모음/단모음<br><br>제시1) 여러 가지 모음(ㅏ,ㅑ,ㅓ,ㅕ,ㅗ,ㅛ,ㅜ,ㅠ,ㅡ,ㅣ)을 충분히 읽기.<br>• 이동자모와 쓰기용 매트를 책상에 준비한다.<br>• 교사의 도움을 받아서 장모음(단모음)을 읽어 본다<br>• 교사의 도움을 받아서 장모음(단모음)을 써 본다.<br>• 이동자모를 이용해 장모음(단모음)을 찾아본다.<br>• '말' 에 대한 낱말을 소리를 내어 읽어본다,<br><br>제시2) 다음 단어들을 읽고 소리의 길고 짧음을 경험한다.(장 모음/단모음)<br>• 소리가 짧게 나는 '말'과 길게 나는 '말'의 뜻과 소리를 들어 본다<br>• 두 가지가 어떻게 다른가?<br>• 길게 소리가 나는 말(언어), 짧게 소리가 나는 말(동물)<br>• 서로 이야기 하고 하나씩 발음해 보며 읽어 본다.<br>• 말, 말, 양, 양, 굴, 굴, 또는 다른 낱말로 장모음 찾기, 기린, 기계,<br>• 굴젓, 구슬, 가정, 어부, 농부, 공장, 된장, 국화, 가미니, 장갑 등<br>• 위에서 음이 긴 단어와 짧은 단어를 가려 본다.<br>• 위 단어를 종이에 써서 한 자씩 소리를 내어 읽어 본다.<br>• 유아가 종이에 쓴 글자를 하나씩 발음해 주고 따라 읽게 한다.<br>• 작업 후에는 정리하여 제자리에 둔다. |
| 흥미 요소 | 장모음 소리를 내 보는 일 |
| 실수정정 | 같은 말인데도 음의 소리에 다라 의미가 다름을 알 때 |

| | | |
|---|---|---|
| 변형 확대<br>및<br>응 용 | • 동화책을 보고 짧은 단어들을 찾아 종이카드에 옮겨 쓴 후<br>• 소리의 길고 짧음에 맞게 읽어 본다 | **지 도 상 의  유 의 점**<br>• 모음은 허파에서 내쉬는 숨이 허파에서 떨려 나올 때에서 큰 막음을 입지 않고 순수하게 홀로 나는 소리이다. 즉,ㅏ,ㅑ,ㅓ, ㅕ, ㅗ,ㅛ,ㅜ,ㅠ,ㅡ,ㅣ |
| | | **관 찰 (아 동 평 가 )** |
| | | • 장모음의 단어들을 바르게 읽을 수 있는가? |

## 활동(13)

| 주 제 | 구두표현 능력<br>**사건의 그림 서열화** | | 대상연령 | 만 3세 반 |
|---|---|---|---|---|
| 교 구 | 서열성이 있는 그림 셋트(거미 줄 치기, 밥 짓기, 김치 담기, 빨래하기 등) ||||
| 목 적 | 직 접 | • 순서를 짓는 능력과 말하기 능력을 증진시킨다.<br>• 이야기의 부분들에 대한 이해를 증진시킨다. |||
|  | 간 접 | • 수학적 정신, 시간의 흐름, 질서감에 대한 인식을 상승시킨다.<br>• 이야기를 순서대로 말하는 능력을 기른다. |||
| 선행학습 | • 짝짓기, 패턴을 보고 짝짓기, 감각영역(Grading)에서의 서열화<br>• 선생님이 읽어 주었던 동화내용 ||||
| 언 어 | 밥 짓기, 반찬, 상차리기, 순서, 물, 밥솥, 빨래 ||||
| 교구<br>제시 | ||||

| | |
|---|---|
| 활동과정<br>(상호작용) | ● 활동명 : 거미 집짓기<br><br>제시1) 처음에는 거미줄에 대한 이야기 나누기<br>일의 진행 순서대로 그림(사진)을 배열하기(예: 거미.<br>• 첫 번째 사진을 제시하며 말한다.<br>"거미가 거미줄을 치고 있구나."<br>"이제 막 거미줄을 치고 있어."<br>• 두 번째 사진을 제시하며 말한다.<br>"이제 거미가 거미줄을 조금 더 쳤네."<br>• 세 번째 사진을 제시하며 말한다.<br>"거미가 너무 열심히 거미줄을 쳐서 피곤해 보이네."<br>"이제 거의 끝났구나."<br>• 네 번째 사진을 제시하며 말한다.<br>"거미가 피곤하지만 너무 행복해."<br>"거미줄 치는 일을 끝냈거든."<br>• 제시된 사진을 보고 순서대로 다시 한 번 이야기 해 준다.<br>• 교사가 오늘 한 활동을 정리해 준다.<br>"이것은 거미가 거미줄을 치는 그림을 순서대로 배열한 거야"<br>"이 작업은 책상에서도 할 수 있고 매트에서도 할 수 있단다."<br>• 활동을 원하는 아이에게 활동할 수 있는 기회를 제공한다.<br>• 교구를 정리하여 제자리에 둔다.<br><br>제시2) 밥 짓기에 대한 그림카드의 서열화<br><br>제시3) 김치 담그기에 대한 일의 서열화 작업을 계속한다. |
| 흥미 요소 | 거미가 항문 쪽에서 줄을 내는 것 |
| 실수정정 | 일을 순서대로 말할 수 없을 때. |

| 변형 확대<br>및<br>응 용 | • 다양한 그림으로 이야기를 확장시킨다.<br>• 이야기의 과정에 따라 구분지어 언어로 표현한다. (소녀가 머리를 자르고 감은 후 말리는 과정.<br>• 컵 빵을 만드는 과정.<br>• 식물의 성장과정 등으로 작업 | |
|---|---|---|
| | | 지 도 상 의 유 의 점 |
| | | • 일의 진행 순서를 나타내는 그림카드를 난이도가 있는 것과 적은 것을 준비 한다. |
| | | 관 찰 (아 동 평 가) |
| | | • 일의 순서를 그린그림을 순서대로 놓으며 설명할 수 있는가? |

## 활동(14)

| 주 제 | 구두표현 능력 기르기<br>사건의 재구성(구두표현 서열화) | | 대상연령 | 만 3세 반 |
|---|---|---|---|---|
| 교 구 | 머리를 감기와 빗기까지의 진행 과정을 간추린 그림카드 | | | |
| 목 적 | 직 접 | • 사건의 진행 순서를 인지하는 능력을 증진시킨다.<br>• 이야기를 순서대로 말할 수 있다. | | |
| | 간 접 | • 수학적 정신, 시간의 흐름, 질서감에 대한 인식을 상승시킨다.<br>• 이야기의 부분들에 대한 인식을 증진시킨다. | | |
| 선행학습 | • 짝짓기, 패턴을 보고 짝짓기, 감각영역(Grading)에서의 서열화<br>• 선생님이 읽어 주었던 동화내용 | | | |
| 언 어 | 머리 감기, 비누칠하기, 수건, 헹구기, 끝나다. | | | |
| 교구<br>제시 | 《 사 계 절 》<br><br>《 머리감기 》 | | | |

| | |
|---|---|
| 활동과정<br>(상호작용) | ● 활동 명: 구두의 표현능력 기르기 활동<br> 1) 원인과 결과  2)순서카드(사건의 진행 3) 순서카드 2. 3)이야기의 재구성 4) 이야기 나누기 책  등에 관한 활동 전개<br><br>제시1) 서열화 된 그림카드를 보고 이야기 하기<br>• 머리감는 이야기를 나눈다.<br>• 교구상자를 책상 또는 매트위로 나르고 교구상자는 오른쪽 코너에 놓는다.<br>• 한 쌍의 그림카드(머리를 감기)를 바구니에 담는다.<br>• 머리감기와 빗기까지의 모든 장면이 그려진 완성된 그림을 먼저 찾아서 오른 쪽 상단에 놓는다.<br>• 교사가 미리 나누어 준 서열성의 카드를 보고 순서에 따라 하나씩 놓아 본다.<br>• 먼저 교사가 순서대로 그림을 늘어놓아 본다. 이제 네가 해 보렴<br>• 유아는 그림카드를 사건의 진행순서대로 순서대로 늘어놓으면서 이야기 한다.<br>• 사건의 순서를 한 사람씩 말해 보도록 한다.<br><br>제시2) 일의 서열화 활동사건을 말로 표현한다.<br>• 사건 순서 (머리 빗기의 서열화 )<br>• 웃 옷 벗기 - 대야나 싱크대에 물 받기 - 대야에 머리 대기 -머리카락에 물을<br>• 적신다. -머리에 비누를 바르고 문지르기 -맑음 물로 헹구기  -수건으로 닦고<br>• 머리 말리기 -거울보고 머리 빗기 - 떨어진 머리카락 치우기<br>• 첫 번째 그림을  보고 이야기를 한 후에  다시 다음의 그림을 보며 이야기 한다.<br>• 유아가 빠뜨린 것이 있으면 덧 붙여 이야기를 완성해 나간다.<br><br>제시3) 관련된 이야기나 동화를 읽어 준다. 먼저 저자와 삽화를 설명해 준다.<br>• 책을 읽어줄 때 손가락으로 글자를 하니 씩 짚어가면서 읽어준다.<br>• 사건을 모두 듣고 순서대로 정리를 해 본다 |
| 흥미 요소 | 동화의 내용을 듣고 순서대로 말할 수 있을 때 |
| 실수정정 | 쓰기나 읽기를 할 때 자세가 바르지 않을 때 |

| | | |
|---|---|---|
| 변형 확대 및 응용 | • 일상생활에서 경험하고 있는 일들의 제목을 선정하여 차례대로 말을 엮어 보고 그림카드도 만들어 본다. | 지 도 상 의  유 의 점 |
| | | • 거미 노래나 동요, 동시를 제공한 다<br>• 다양한 언어 경험(말하기, 쓰기, 읽기) 을 위한 교구환경을 준비 한다. |
| | | 관 찰 ( 아 동 평 가 ) |
| | | • 일의 진행을 순서대로 그림카드와 언어로 설명할 수 있는가? |

## 활동(15)

| 주 제 | 듣기, 말하기<br>**언어 전달게임** | | 대상연령 | 만 3세 |
|---|---|---|---|---|
| 교 구 | 단어 카드, (비둘기-기차-차00) | | | |
| 목 적 | 직 접 | • 자신이 들은 언어를 정확히 전달할 수 있다. | | |
| | 간 접 | • 언어를 정확하게 들을 수 있고 사용할 수가 있다. | | |
| 선행학습 | 동화 듣기, 동운 어 학습 | | | |
| 언 어 | 언어(말), 정확하게 전달, 잘 듣기 | | | |
| 교구제시 | | | | |

- 37 -

| | |
|---|---|
| 활동과정<br>(상호작용) | ◉ 활동 명: 끝말 이어 가기와 언어전달 게임<br>제시1) 끝말 이어 가기와 언어전달 게임<br>• 교사는 수업을 전개하기 전에 벌써 조직적인 준비가 필요하다.<br> 흔히 유아는 이어가기에 실패할 우려가 크기 때문이다.<br>• 유아들을 옆으로 나란히 앉거나 한 줄로 나란히 앉는다.<br>• 교사가 준비한 간단한 그림카드를 유아들에게 제시한다.(예: '라디오'그림)<br>• 교사와 유아는 다 함께 '라디오'하며 소리를 낸다.<br>• 다시 유아는 '라디오' 중 그 끝에 오는 '오' 라는 말을 앞에 넣어서 '오빠'라는 말을 넣어서 계속 이어간다.<br>• 미처 이어가지 못하는 유아는 교사의 도움을 주기로 한다.<br> 그 도움의 방법으로는 게임에 익숙해 질 때를 기다리며 미리 교사가 예상하여 그려 온 그림을 보여 주며 진행을 도울 수가 있다.<br><br>제시2) 언어 전달 게임<br>• 유아가 옆으로 나란히 앉거나 또는 한 줄로 나란히 앉는다.<br>• 교사는 게임전의 자료로 가로 30cm x 10cm의 희 종이에 유아에게 처음 건네주는 말(예: 유치원에 갑니다)을 써서 매트에 엎어둔다<br>• 가장 먼저 교사가 첫 번째 앉은 유아의 귀에 대고 어떤 말을 건네준다.<br>• 첫 번째 아이는 다음 두 번째 아이에게 건네준다.<br> 맨 끝의 아이는 앞으로 나와서 친구들과 선생님께 자기가 마지막으로 들은 말을 한다.<br>• 전달 된 말이 제대로 그 전달되었는지 확인하기 위하여 아가 매트에 엎어 놓은 카드를 열어 본다.<br>• 말이 잘못 전달되었을 때 일어나는 일에 대하여 이야기 한다<br>• 띄어쓰기나 띄어 말하기가 잘못 되었을 때의 어려운 이야기를 나눈다.<br> 예) 아버지가 방에 들어 가신다. ↔ 아버지 가방에 들어가신다. 등<br>• 함께 평가해 보고 다시 계속하여 진행한다. |
| 흥미 요소 | 끝말을 이어가는 일, 말의 전달이 잘 되지 않았을 때 |
| 실수정정 | 남의 말을 잘 듣지 못했을 때 |

| 변형 확대<br>및<br>응용 | • 교사가 준비했던 것처럼 각자 한 개씩의 말 카드를 만들어 집으로 가져간다. | 지도상의 유의점 |
|---|---|---|
| | | • 잘 듣기 훈련을 위하여 집에 가서 가족들과 이 두 가지의 게임을 하고 오도록 한다. |
| | | 관찰 (아동평가) |
| | | • 끝말잇기의 방법을 알고 끝말을 이어갈 수 있는가? |

## 활동(16)

| 주 제 | - 소리 청각 분별 -<br>음절의 수 | 대상 연령 | 만 3세 |
|---|---|---|---|
| 교 구 | 여러 가지 사물이 들어있는 든 상자, 사물들의 음절 수 만큼의 검은 바둑알은 총 10개 정도, 1)공- 음절 수 1개,  2) 나비-음절 수 2개  3)자동차-음절수3개,  4)비닐봉지의-음절수 4개 수 카드 1,2,3,4,각각 준비 | | |

| 목 적 | 직 접 | 단어의 소리의 분석과 음절의 느낌을 인식할 수 있다. |
|---|---|---|
| | 간 접 | 언어 사용을 능숙하게 할 수 있는 능력을 기른다. |

| 선행학습 | 전래 동요를 들었던 일 |
|---|---|

| 언 어 | 단어, 음절 |
|---|---|

| 교구제시 | |
|---|---|

| | |
|---|---|
| 활동과정<br>(상호작용) | ● 활동 명: 음절수 알아맞히기 놀이<br>-제시1) 음절 읽기<br>• 여러 가지 사물의 이름을 말해 본다.<br>• 음절수대로 준비한 낱말카드 분류하기<br>• 음절수 1 　　컵, 문, 공,<br>　음절수 2 　　전등, 책상, 의자, 쟁반, 달력, 마루, 전화,<br>　음절수 3 　　색종이, 유리창, 책가방, 바구니, 옷걸이<br><br>-제시2) 음절수 정확히 알기<br>• 교사가 음절수 카드를 거꾸로 엎어놓고 유아들에게 묻기<br>• 음절수가 세 개인 것을 골라봅시다. 먼저 김OO 가 골라보세요<br>• 한 아이가 바닥에 엎어놓은 음절수 카드를 들어 유아들에게 보이면 아이들은 음절수를 말한다.<br>• 음절수가 세 개인 것이면 재차 이 음절수는 세 개입니다.<br>　라고 말하고 오른쪽에 3이라는 수 카드 밑에 놓는다.<br>• 모든 카드가 1,2,3,4, 에 놓여 지면 놀이를 정리한다.<br><br>-제시3)<br>• 작은 종이를 나누어 주고<br>• 교사가 1(또는 2,3,4)의 카드를 유아들에게 보여주면 1개의 음절구인 낱말을 쓴 다음 한 유아부터 머리맡에 올려들고 친구들에게 보여 준다.<br>• 친구에게 보여주는 활동이 끝나면 1의 음절수를 등 유아끼리 또는 2의 음절수를 가진 유아끼리 줄로 서서 음절 수 카드를 무두에게 보여 준다.<br><br>-정리하기 |
| 흥미 요소 | 게임 1,2,3 별로 이루어 진, 상황 |
| 실수정정 | 음절수를 분간하지 못할 때 |

| 변형 확대<br>및<br>응　용 | • 여러 가지 음절수에 여러 가지 품사를 넣어서 읽어 본다 | 지 도 상 의 　유 의 점 |
|---|---|---|
| | | • 음절수 카드는 유아들과 미리 만들어서 준비 한다. |
| | | 관 찰 (아 동 평 가) |
| | | • 음절수가 각기 다른 낱말을 음절수 대로 분류할 수 있는 가? |

### 활동(17)

| 주 제 | 문자 소리의 구별<br>동운 어 듣기와 찾기 | 대상 연령 | 만 4세 반 |
|---|---|---|---|
| 교 구 | • 운율이 같은 명칭의 실물 들(작은 장난감). 녹음기, 동요, 동시집, 책,<br>• 세 부분 카드로 구성된 읽기 단어카드, 명칭카드, 정정카드, 용기<br>• 운율이 같은 단어 책)들의 리스트가 들어있는 카드, 용기 | | |
| 목 적 | 직 접 | • 간단한 단어가 있는 책을 읽을 수 있다.(읽기능력 개발)<br>• 단어들의 운을 인식하는 능력을 키운다. | | |
| | 간 접 | • 청각적, 시각적 변별능력과 단어의 소리 분석력을 기른다.<br>• 운이 같은 단어들을 활용하여 읽기 능력을 향상시킨다. | | |
| 선행학습 | 운이 같은 단어군(운이 같은 단어 만들기, 단어분류) | | |
| 언 어 | 실물명칭카드, 운이 같은 단어 리스트 | | |
| 교구<br>제시 | "잠자리"<br><br>자리자리 잠자리 고추잠자리<br>끼리끼리 우리끼리 코끼리놀이<br>아리아리 항아리 우리항아리 | "부엉이"<br><br>메뚜기 동동, 잠자리 동동<br>기러기 동동, 잠자리 동동<br>개구리 동동, 잠자리 동동<br>올챙이 동동  잠자리 동동 | | |

| | |
|---|---|
| 활동과정<br>(상호작용) | ● 활동 명: 동운 어 듣기와 찾기<br>제시1) 동운어의 실물이나 그림의 명칭 카드 분류<br>• 사물과 그림이 있는 동운어의 교구상자를 책상에 놓고 운이 같은 것을 찾아 매트(책상)에 놓는다.<br>• 교구상자에서 운이 같은 사물과 그림을 짝지어 매트위에 놓는다.<br>• 명칭카드를 하나씩 꺼내어 소리 내어 읽어보고 사물의 밑에 놓는다.<br>예)가벼우냐, 무거우냐, 자리자리 아리아리, 가벼우냐, 쉬어가자, 놀러가자 등)<br><br>제시2) 운이 같은 단어 만들기(교사가 미리 한 글자 씩 빼놓은 단어카드)<br>• 뽕나무, 옻나무, 소나무, 항아리, 병아리,<br>• 같은 운으로 나누어진 글자판과 글자를 준비한다.<br>• 두 개의 글자판을 놓고 빠진 부분에 맞는 글자를 넣고 하나씩 읽어본다.<br>• 뽑아놓은 운이 같은 단어 리스트를 책상위에 옮긴다.<br>• 찔레, 벌레, 걸레, 사과, 앵두, 버찌, 살구, 포도 등 운이 같은 단어 찾기<br>• 운이 같은 단어가 적힌 리스트를 소리를 내어 계속 읽어 준다.<br>• 운을 살려 말을 만들어 낭독해 본다.<br><br>제시3) 전래동요에서 동운 어 듣기와 찾기<br>　　"잠자리 동동"　　　"부엉이"　　　　　"잠자리"<br>가벼우냐 맹꽁 메뚜기 동동, 잠자리 동동 자리자리 잠자리 고추잠자리<br>무거웁다 맹꽁 기러기 동동, 잠자리 동동 끼리끼리 우리끼리 코끼리놀이<br>무거우냐 맹꽁 개구리 동동, 잠자리 동동 아리아리 항아리 우리항아리<br>가벼웁다 맹꽁 올챙이 동동, 잠자리 동동<br>• 위에서 반복되는 말(동운어)찾아서 읽어 본다<br>　- 끝말 이어가기(대 그룹 또는 소그룹 활동)<br>• 하늘색 종이를 비닐로 싸서 병풍처럼 접을 수 있게 만든 카드판과 그 위에 놓을 수 있는 카드세트<br>• 빨간색 그림과 글씨가 있는 카드를 꺼내서 끝말이 이어질 수 있게 판위에 차례로 나열한다, 예) 부채-채송화-화분-분소-수영장-장구-구두<br>• 분홍색 판을 길게 늘어놓고 분홍색 카드를 집어서 끝말이 이어질 수 있게 차례로 나열한다. 예)기타 -타조- 조개-개미-미나리<br>• 분홍색 종이를 동그라미로 잘라 코팅하여 리본으로 길게 고정시킨 판과 그 위에 놓을 수 있는 동그라미 카드 세트를 길게 판 위에 올려놓기 |
| 흥미 요소 | 운이 같은 전래 동요를 낭독할 때 즐거운 느낌 |
| 실수정정 | 낱말카드의 뒷면에 오류 정정 글자가 없을 때 |

| | | |
|---|---|---|
| 변형 확대<br>및<br>응　　용 | • 동시집이나 동화책을 놓고 운이 같은 단이를 찾아서 읽고 써 본다. | **지 도 상 의 유 의 점**<br>• 사전에 운이 같은 낱말이 든 재미있는 전래 동요를 모아 두고 실물이 어려운 경우에는 그림이나 사진 카드를 준비 힌다.<br>**관 찰 (아 동 평 가 )**<br>• 운이 같은 단어를 만들고 운이 같은 단어끼리 분류하고 읽을 수 있는가? |

활동(18)

| 주 제 | 소리게임<br>아이 스파이(I SPY) | 대상연령 | 만 3세 |
|---|---|---|---|
| 교 구 | 첫소리. 중간소리. 끝소리로 이어진 단어. 다양한 소리로 시작되는 실물들(종, 공, 구슬 등)이 담긴 바구니. 간단한 실물의 이름을 쓴 낱말 카드. ||| 
| 목 적 | 직 접 | • 단어를 이루는 개개의 소리에 집중력이 형상된다.<br>• 개별적 소리를 듣는 청각적 시각적 변별력을 키운다. ||
| | 간 접 | • 청각의 직관적 능력을 기른다.<br>• 제시된 소리를 분리시켜 들은 낱말의 뜻을 이해한다. ||
| 선행학습 | 초기 언어적 경험과 총체적 언어활동에서 다루었던 청각 변별활동 |||
| 언 어 | 본 게임에 관련된 언어. |||
| 교구<br>제시 | |||

| | |
|---|---|
| 활동과정<br>(상호작용) | ● 활동 명: I SPY 게임 소개<br>• 코끼리에서 첫 글자, 가운데 글자, 끝 글자를 찾는 놀이이다. SPY게임이란 '나는 스파이'야, 그래서 뭐든지 알아낼 수 있고 찾을 수 있는 게임이란다.<br><br>제시1) 한 개의 사물에 대한 첫소리를 알아맞히기 게임<br>• 교구(종, 새, 구슬, 지우개, 코스모스, 등)가 담긴 바구니를 책상으로 가져온다.<br>• 교사는 주머니에서 물체 하나를 꺼내어 아이 손에 올려놓는다.<br>• "이게 뭔지 이름을 말해 주겠니?"<br>'지우개'에서 첫 번째 나는 소리는 무엇인가요?(말하기)<br>'지우개'에서 가운데 소리가 나는 소리는 무엇인가요? (말하기)<br>'지우개'에서 끝소리 가 나는 소리는 무엇인가요? (말하기)<br><br>제시2) 선생님이 꺼내는 물체<br>• 소리를 들어보고 이름이 몇 글자인 물건을 꺼낼 것인지 알아맞히기<br><br>제시3) 글자 찾기<br>• 교사가 제시한 낱말 카드를 보고 첫 글자를 찾아 말하기<br>교사가 제시한 낱말 카드를 보고 두 번째 글자를 찾아 말하기<br>교사가 제시한 낱말 카드를 보고 세 번째 글자를 찾아 말하기<br><br>제시4) 유아에게 교사가 준비한 여러 개의 낱말 카드를 바닥에 깔게 한다.<br>• 선택 된 유아가 나와서 한 소리, 두 소리. 세 소리 네 소리가 나는 낱말 카드를 구룹끼리 분류하게 한다.<br><br>제시5) 이것은 몇 소리 가족입니까? 노래 부르기(이것은 한 소리가족이지요) |
| 흥미 요소 | 손뼉을 치며 몇 소리 가족입니까? 노래를 부르는 일 |
| 실수정정 | 첫소리, 가운데 소리, 끝소리를 변별하여 듣지 못 할 때. |

| | | |
|---|---|---|
| 변형 확대<br>및<br>응용 | • I SPY 게임은 실물을 자주 바꾸어 주고 계속 반복 실시한다.<br>• 실물은 아동용에서 성인용으로 확장하여 간다.<br>• 실물은 아동용에서 성인용으로 확장해 간다. | **지 도 상 의 유 의 점**<br>여기서 읽기의 초점을 반드시 읽을 수 있어야 한다는 것은 아니므로 자연스럽게 접근한다. |
| | | **관 찰 (아 동 평 가)**<br>단어의 첫소리, 중간소리, 끝소리에 귀를 기울이고 정확히 어휘를 찾아 낼 수 있는가? |

## 3. 쓰기 단계

### 활동(19)

| 주 제 | 모래종이 글자<br>(Sandpaper Letters) | | 대상연령 | 만 3세 |
|---|---|---|---|---|
| 교 구 | 나무판(12X14cm 정도)에 모래종이로 한글 자모음을 오려 붙인 것. 즉<br>자음 판(파란색 판) - ㄱ~ㅎ 까지 14개<br>모음 판(빨간색 판) - ㅏ~ㅣ까지 10개<br>자음, 모음이 합성된 글자판(초록색 판) '가 ~ 하'까지 14개 ||||
| 목 적 | 직 접 | • 쓰기와 읽기에 대한 기초능력을 기른다.<br>• 글자소리와 모양을 익히고 근육감각과 기억력을 증진한다. |||
| | 간 접 | • 자음과 모음의 관계를 알고 문자의 구조를 익힌다.<br>• 글자와 소리의 연계성을 익힌다. |||
| 선 행 학 습 | 촉각 판, 감각영역의 세 손가락의 사용, ||||
| 언 어 | 모래글자, 자음, 모음 ||||
| 교 구<br>제 시 | ||||

| | |
|---|---|
| 활동과정<br>(상호작용) | ● 활동 명: 모래글자와 사물의 소리<br>제시1) 모래글자 소개<br>• 모래글자는 자모음을 크게 쓴 후 모래를 입혀놓아 까칠 까칠한 느낌이다<br>• 촉감과 소리에 대한 민감기에 있는 유아를 위해 만들어진 교구이므로 발달단계에 맞게 사용해야 한다.(4세 이상의 유아에게는 거의 효과가 없다<br>• 모음(ㅏ, ㅑ, ㅓ, ㅕ, ㅗ, ㅛ, ㅜ, ㅠ, ㅡ, ㅣ)은 파랑색,<br>• 자음(ㄱ,ㄴ,ㄷ,ㄹ,ㅁ,ㅂ,ㅅ,ㅇ,ㅈ,ㅊ,ㅋ,ㅌ,ㅍ,ㅎ)은 빨강색<br>• 모래글자는 이름(기역, 니은 등)을 가르치는 것이 아니라 각 문자의 음가만 가르쳐주고 자음부터 시작해서 모음을 가르친다.<br><br>제시2) 모래글자의 3단계 학습<br>• 교구상자를 책상이나 매트위로 나르고 교구상자는 오른 쪽 위에 놓기<br>• 'ㅅ'과 'ㅁ'의 모래글자를 꺼내어 놓고<br>• 'ㅅ'을 검지와 중지 손가락으로 따라 쓴 후 '스'라고 소리를 낸다.<br>• 파란색의 자음을 두 개 혹은 세 개씩 유아의 발달단계에 따라 정한다.<br>• 교사는 유아의 주의를 끌기 위해 유사한 음소를 선택한다.<br>　[예:(ㄱ,ㅋ,ㄹ)(ㅇ,ㅎ)(ㄴ,ㄷ,ㅌ)(ㅅ,ㅈ,ㅊ)(ㅁ,ㅂ,ㅍ)]<br>• 각각 앞의 음소는 연 소리(ㄱ,ㅇ,ㄷ,ㅅ,ㅁ)로, 뒤의 음소는 된소리(ㅋ, ㅎ, ㅌ, ㅊ, ㅍ)로 한다.<br><br>제시3) 사물이름의 첫소리가 나는 모래글자 찾기<br>• 바구니에서 사물 하나를 꺼내어 이름을 말해 본다.<br>• 첫소리에 해당되는 모래글자를 밑에 놓는다.(사과라면 'ㅅ'자를 찾아놓기)<br>• 모래글자를 소리를 내어 보고 이어서 다른 사물을 하나씩 말해 본다.<br><br>제시4) 모래글자 게임(놀이)<br>• 두 개의 모래글자를 나란히 놓는다.<br>• 'ㄱ'을 찾아서 손가락으로 쓴 후 소리를 내보겠니?<br>• 'ㄱ'을 검지와 엄지로 써본 후 바구니에 담는다. 연필로 써도 무방하다. |
| 흥미 요소 | 'ㅅ'(스 소리)나 'ㅁ'(음 소리)에 맞는 소리를 내거나 그러한 소리가 나는 글자를 만들어 보는 것 |
| 실수정정 | 거친 면과 매끄러운 면의 촉감을 혼돈할 때 |

| | | |
|---|---|---|
| 변형 확대<br>및<br>응용 | • 여러 가지 모래글자 외에 콩. 팥. 수수, 조 등을 이용해여 글자판을 만들어 본다.<br>• 눈을 감고 음소를 더듬어 보고 무슨 음소인지 알아맞히기 | **지도상의 유의점**<br>• 발음기관의 사용법을 정확히 익히도록 한다.<br>ㅅ와 ㅁ의 차이점을 알고 소리를 내 본나 |
| | | **관찰 (아동평가)**<br>• 글자의 합성을 이해하는가?<br>ㅅ'소리와 'ㅁ'의 정확한 발음을 할 수 있는가? |

활동(20)

| 주 제 | 이동자모 소개<br>(Moveable a letter) | 대상연령 | 3-6세 |
|---|---|---|---|
| 교 구 | 모래글자, 이동자모(ㄱ-ㅎ으로 시작되는 사물들),<br>자음은 파란색, 모음은 빨간색이 담겨진 상자) | | |
| 목 적 | 직 접 | • 시각적, 청각적, 변별력, 집중력, 글자에 대한 인식을 한다.<br>• 모래글자 첫 소리와 같은 사물을 고를 수 있다. | |
| | 간 접 | • 이동자모의 자, 모음 영역에 관심을 높이고 쓰기의 준비를 한다.<br>• 글자(symbol)와 소리의 변별능력을 기른다. | |
| 선행학습 | 촉각 판, 모래 종이글자 | | |
| 언 어 | 이동자모, 모래글자 | | |
| 교구제시 | | | |

| | |
|---|---|
| 활동과정<br>(상호작용) | ◉ 활동 명: 이동글자- 이동자모(글자) 소개<br>제시1) 이동자모가 놓여 진 위치 알아보기<br>  이동자모상자 속에는 26개의 칸과 각 칸마다 같은 글자를 여러 개씩 넣어 두었다.<br>• 자음(ㄱ,ㄴ,ㄷ,ㄹ,ㅁ,ㅂ,ㅅ,ㅇ,ㅈ,ㅊ,ㅋㅌ,ㅍ,ㅎ)은 빨강<br>• 모음(ㅏ,ㅑ,ㅓ,ㅕ,ㅗ,ㅛ,ㅜ,ㅠ,ㅡ.ㅣ)은 파랑<br><br>제시2) 이동자모 소개<br>• 한 아동을 초대하고 모래글자 하나와 한글의 이동자모를 매트위에 놓기<br>• 모래종이 글자로 5개의 음소[그(ㄱ), 느(ㄴ), 브(ㅂ), 스(ㅅ), 음(ㅇ)]을 보고 소리를 내보게 하고 같은 소리가 나는 이동자모를 소개한다.<br>• 이동자모의 위치(칸)를 보여준다. 단어 구성을 위하여 자음, 모음으로 이루어진다.<br>• 이동글자 상자는 각 음소를 질서가 있게 넣을 수 있도록 칸(한글 24개)만들고 각 칸 위에는 해당하는 음소를 붙여 정리하도록 한다.<br>• 제1상자는 자음(파란색)과 모음(빨간색)을 담을 수 있도록 24칸으로 나누어져 있으며 각 음소가 10장 이상 들어있다.<br>• 제2상자는 자음과 복모음(예: ㅐ, ㅒ, ㅔ, ㅖ, ㅙ, ㅞ, ㅢ, ㅟ, ㅝ, ㅚ, ㅘ 등)이 들어있다. 자음은 제1상자 크기보다 조금 작으며 종성의 받침으로 사용된다. 제1상자와 함께 초성, 중성, 종성 또는 초성, 중성의 복모음으로 조합된 단어를 사용하며 색깔을 달리한다.<br>• 제3상자는 초성의 복자음(예: ㄲ, ㄸ, ㅃ, ㅆ, ㅉ)과 종성의 복자음(ㄲ, ㅆ,ㄱㅅ, ㄴㅈ, ㄴㅎ, ㄹㄱ, ㄹㅁ, ㄹㅂ, ㄹㅌ, ㄹㅍ, ㄹㅎ, ㅂㅅ 등)으로 제1상자, 제2상자와 함께 초성, 중성 또는 종성으로 조합된 단어를 사용하며 색깔을 달리한다.<br><br>제시3) 이동글자의 쓰기와 읽기모래글자"ㅏ"를 매트위로 가져 온 후 함께 소리를 내며 찾아서 써보기<br>• 이동글자 상자에서 같은 소리를 가진 글자를 찾아서 소리를 내보기<br>• 자음을 하나씩 꺼낸 후 자음과 'ㅏ'를 합치면서 글자를 만들어 본다.<br>• 계속 조합 활동을 해보면서 음소 단위로 소리를 내 본다. |
| 흥미 요소 | 자음, 모음 소리를 내 보는 일<br>이동자모를 해당된 칸의 위치에 찾아 맞게 넣는 것. |
| 실수정정 | • 복모음을 읽지 못할 때 |

| | | |
|---|---|---|
| 변형 확대<br>및<br>응 용 | • 글의; 자음 모음 24글자를 확대하여 보여 주고 이동자모 상자에서 글자의 위치를 익힌다. | 지 도 상 의 유 의 점 |
| | | • 상자 안에 이동자모가 들어 있는 위치를 확인시킨다. |
| | | 관 찰 ( 아 동 평 가 ) |
| | | • 배운 자음소리를 잘 듣고 소리를 정확하게 낼 수 있는가? |

활동(21)

| 주 제 | 단모음/단자음(받침이 없는) (분홍색 상자) | | 대상연령 | 5세 |
|---|---|---|---|---|
| 교 구 | 받침이 없는 단모음(a consonant), 단자음(a single vowel)의 사물이 든 상자, 빨간색, 파란색 색연필, 종이 사물의 그림과 단어가 쓰여 있는 정정 카드, 이동자모와 그 상자, | | | |
| 목 적 | 직 접 | • 민 감기의 언어발달 특성을 개발 확장시킨다. • 글자를 정확하게 구별하는 분별력을 기른다. | | |
| | 간 접 | • 쓰기 읽기를 위한 준비를 한다. • 모음과 자음을 이용하여 단어를 만들 수 있다. | | |
| 선행학습 | 이동자모의 소개, 모래 글자 학습 | | | |
| 언 어 | 받침이 없는, 초성(단자음), 중성(단모음), 종성(단자음)으로 된 그림과 글씨 | | | |
| 교구제시 | | | | |

| | |
|---|---|
| 활동과정<br>(상호작용) | ● 활동 명: 분홍색 상자(받침이 없는 단모음/단자음)는<br>　모래글자, 이동글자, 사물과 이동글자, 그림과 이동글자, 글씨쓰기활동<br>제시1) 한정된 이동글자(모음)의 읽기<br>• 받침이 없는 단모음, 단자음 쓰기와 읽기 제시<br>• 모래글자"ㅏ"를 매트위로 가져 온 후 함께 소리를 내며 써 보기<br>• 이동글자 상자에서 같은 소리를 가진 글자를 찾아서 소리를 내어 본다.<br>• 자음을 하나씩 꺼낸 후 자음과 'ㅏ'를 합치면서 글자를 만들어 본다.<br>• 계속 조합 활동을 해보면서 음소 단위로 소리를 내 본다.<br>　　(ㄱ+ㅏ→기아→가), 　　(ㄴ+ㅏ→ 니아→ 나), 　　(ㄷ+ㅏ→디아 →다)<br><br>제시2) 자음과 합성문자 읽어 보기<br>• 사물상자의 이동글자를 이용하여 사물의 이름을 써 본다.<br>• 교사는 모래글자를 손으로 따라 그리고 소리를 내 본다.(반복)<br>• 다른 자음을 하나씩 꺼낸 후 단자음(ㄱ→ㅎ 까지)과 단모음(ㅏ)의 음절<br>　(초성, 중성)을 만든다,(예: 가→하 까지)계속<br>• 같은 음소끼리 모아 이동글자 제1상자에 넣어 정리한다.<br><br>제시3) 단자음과 단모음으로 만들어진 음절 판(가 → 하, 기 →히 까지)<br>• 의 각 음절 밑에 작은 음절카드를 짝 맞추어 나열하기<br>• 음절 판을 뒤집어 놓고 순서대로 작은 음절카드를 나열하고 음절판으<br>　로 실수를 정정을 하기<br>• 작은 음절카드로 단어를 만들기(바다, 가마, 사자 ,등)계속한다<br><br>제시4) 확장된 글자를 이용하여 단어 만들기<br>• 이동글자 상자를 왼쪽위에 놓고 "네가 아는 글자를 모두 꺼내 보겠니?<br>　하며 아는 소리들을 모두 골라 상자아래에 왼쪽부터 차례로 놓는다.<br>• 모래 글자판에 가서 교사가 가리키는 글자를 가져 온다(예: ㄱ)<br>• 알고 있는 자모음으로 '가지'라고 만들고 써 본다. |
| 흥미 요소 | 이동자모의 합성으로 글을 만들어 보는 것 |
| 실수정정 | 소리와 단어가 잘못 연결이 되었을 때. |
| 변형확대<br>및<br>응용 | • 색상자별 활동<br>1)첫 번째 읽기/분홍색 상자<br>　(받침이 없는 ㄱ-가구, ㄴ-나비)<br>2)두 번째 읽기-파란색 상자<br>　(받침이 있는 단모음/단자음)<br>　　예)ㄱ받침-국, 목, 보석<br>3)세 번째 읽기/연두색 상자<br>　이중모음의 합성<br>ㅐ(고래),ㅔ(게),ㅖ,ㅒ,ㅘ,ㅚ,ㅟ,ㅝ,ㅙ,ㅞ<br>-네 번째 주황색 상자 (이중 자음 /<br>　모음의 합성)<br>　ㄲ-까치, ㄸ-, ㅃ (뼈), ㅆ(씨앗),<br>　ㅉ(짜다)<br>-다섯 번째 -이중 자음/ 모음 합성 | 지 도 상 의  유 의 점<br>• 분홍색 상자속의 단모음의 단<br>어카드는<br>ㄱ-고기, 고구마, 기차. 기러기,<br>　고무 가수<br>ㄴ-나비 노래, 노루, 누나,<br>ㄷ-두부, 도마, 다리미, 다리 다시<br>　마, 도로<br>계속-<br><br>관 찰 (아 동 평 가 )<br><br>• 소리를 듣고 자음과 모음을 이<br>　용하여 단어를 만들 수 있는가? |

## 활동(22)

| 주 제 | 단모음/단자음(받침이 있는)<br>( 파란색 상자) | 대상연령 | 5세 |
|---|---|---|---|
| 교 구 | 이동상자, 이동자모 상자, 받침이 있는 단모음, 단자음 단어와 사물이 들어있는 상자, 파란색 상자(초성, 중성, 종성이<br>• 빨간색, 파란색 색연필, 종이, 사물의 그림과 단어가 있는 정정 카드 | | |
| 목 적 | 직 접 | • 받침이 있는 글자를 정확히 소리를 낼 수 있다.<br>• 받침의 의미를 이해한다. | |
| | 간 접 | • 글자(symbol)와 소리의 연계성에 대한 개념을 습득한다.<br>• 받침이 있는 글자를 가려낼 수 있다. | |
| 선행학습 | 모래글자 학습, 이동 자모( 분홍색 상자) | | |
| 언 어 | 파란색 상자 받침, 수박, 딸기, 금, 보석, 이름표 받침이 단자음인 단어 | | |
| 교 구<br>제 시 | | | |

| | |
|---|---|
| 활동과정<br>(상호작용) | ● 활동 명: 파란색 상자(받침이 있는 단모음/단자음)놀이는<br>• 사물과 이동글자 -그림과 이동글자 -글씨 쓰기 등이다.<br>제시1) 초성, 중성, 종성의 단어를 만든다.<br>• 이동글자 상자를 준비한다.<br>• 이동글자로 '가→히'를 만들고 반복 연습한다.<br>• 각 음절을 천천히 읽으면서 단자음(종성)을 각 음절 밑에 놓으면서 "좀 더 빨리 읽어보자"라고 말하고 읽는다.<br>　(예: 가 ㄱ(각)처럼 단자음(ㄱ→ㅎ)과 단모음(ㅏ→ㅣ)<br>• 종성(ㄱ)의 음절을 구성하고 읽는다.<br>• 같은 음소끼리 모아 이동글자 상자에 넣어 정리한다.<br><br>제시2) 사물의 이름쓰기<br>• 이동자모의 글자와 실물을 놓고 쓰기 작업에 유용한 매트를 깐다.<br>• 매트에 X표시가 있는 곳에서부터 체계적으로 정리하여 놓게 한다.<br>• 실물을 이동자모와 함께 쓰기용 매트에 이름을 말하며 놓는다.<br>• 이번엔 이 매트위에 놓인 사물의 이름을 적어 주겠니?<br>• '수박, 실로폰, 잠자리' 라고 소리 나는 대로 써 보자<br>• 모두 쓰면 교사는 한번 읽어준다.<br>• 쓰기 판에 아동이 쓴 글자를 하나씩 발음해 가며 적는다.<br>• 아동에게 소리별로 상자에 넣어 정리하게 한다.<br><br>제시3) 파란색 상자<br>• 상자 안의 카드는 단자음의 초성과 단모음의 중성, 단자음의 종성으로 조합된 단어로 앞면에는 이미지, 뒷면에는 글자가 쓰여 있다.<br>• 카드를 한 장 꺼내어 이미지에 해당하는 단어를 구성하고 정정은 카드 뒷면으로 한다. |
| 흥미 요소 | 이동글자 밑에 받침을 받쳐 주는 일 |
| 실수정정 | 소리와 단어가 잘못 연결이 되었을 때. |

| | | |
|---|---|---|
| 변형 확대<br>및<br>응　용 | 파란색상자 놀이:<br>• 받침이 있는 단모음, 단자음<br>(예)ㄱ받침-국, 목, 보석)<br>　　ㄴ받침-친구, 손, 기린, 산, 난로, 단추<br>　　ㄷ받침-듣다, 걷다, 묻다, 받다<br>　　ㄹ받침-설날, 달, 하늘, 바늘, 나물<br>　　ㅁ받침-엄마, 감, 곰, 잠, 남자, 사슴,<br>　　　-　계속　-<br>　　ㅎ- 좋다,　노랗다 , 그렇다<br>　　혼합:-인형, 창문, 장갑, 연필, 금붕어......... | 지 도 상 의 　유 의 점 |
| | | • 낱자마다 소리를 내보며 각기 받침에 따라 소리가 다름을 알게 한다. |
| | | 관 찰 (아 동 평 가 ) |
| | | • 받침이 있는 단모음 단자음을 쓸 수 있는가?<br>• 초성, 중성, 종성이 단자음, 단모음이 된 단어를 만들 수 있는가? |

활동(23)

| 주 제 | 이중 모음의 합성 <br> (연두색 상자) | 대상연령 | 만 4~5세 |
|---|---|---|---|
| 교 구 | 모래종이 글자, 이동자모, 실물, 사진, 쓰기용 매트 | | |
| 목 적 | 직 접 | • 이중모음의 글자읽기로 읽기에 흥미를 가진다. <br> • 글자(symbol)와 소리의 연계성에 대한 개념을 습득한다. | |
| | 간 접 | • 자음과 모음을 합성하여 쓰고 읽을 수 있다 <br> • 신경근육과 촉각능력을 향상시킨다. | |
| 선행학습 | 사진/실물 | | |
| 언 어 | 이중모음, 고개, 계란, 태극기, 참외, 전화기, 그네 | | |
| 교 구 제 시 | | | |

| | |
|---|---|
| 활동과정<br>(상호작용) | ● 활동 명: 연두색 상자(이중 모음의 합성)<br>제시1) 이중 모음의 소개 ㅐ(고래),ㅔ(게),ㅚ,ㅒ,ㅘ,ㅢ,ㅟ,ㅝ,ㅙ,ㅞ<br>• 이중모음의 음절을 만든다.<br>• 단자음의 초성과 이중 모음의 중성으로 된 단어 또는 단자음의 종성으로 조합된 단어(예: 태극기, 시계, 참외, 전화기 등)를 소개한다.<br>• 이동글자를 준비한다.<br>• 이중 모음을 분리해 보인다.(ㅐ = ㅏ + ㅣ, ㅔ = ㅓ + ㅣ)<br>• ㅏ와 ㅣ, ㅓ와 ㅣ 소리를 내본 후, 두 소리를 합치면 'ㅐ'와 'ㅔ' (애, 에) 소리의 음가를 알려준다.<br>• 모든 단자음에 이중모음을 결합하여 음절을 구성하고 읽는다.<br>(예: 개, 내, 대……. 게, 네, 데…….귀, 뉘, 뒤……)<br><br>제시2) 연두색 상자의 활용<br>• ㅐ : 고래, 모래, 늑대처럼 이중 모음 글자를 이동자모로 구성해 본다.<br>• ㅔ : 게, 그네, 네가<br>• 위의 방법으로 이중 모음의 음가를 가진 글자를 계속 만들어 본다.<br>• 이미지(명사)에 해당하는 단어를 구성하고 실수의 정정은 카드 뒷면으로 한다.<br><br>제시3) 사진이나 그림을 보고 글씨 쓰기<br>• 교사는 쓰기용 매트에 사진을 나열하여 놓는다.<br>• 이중 모음의 소리가 나는 단어의 그림(태극기, 시계, 참외, 전화기)을 섞어 놓는다.<br>• 위의 사진의 이름을 아이에게 말해보게 한다.<br>• 아이에게 사진의 이름을 쓰기용 매트에 써보도록 한다.<br>• 교사가 말하는 소리들에 귀를 기울여 듣고 쓴 후 선생님에게 가지고 간다.<br>• 아이가 모두 쓰면 교사는 한번 읽어준다.<br>• 아이에게 소리별로 상자에 넣어 정리하게 한다. |
| 흥미 요소 | 모음을 하나씩 추가하고 합성하여 단어를 만드는 일. |
| 실수정정 | 그림에 맞는 글자를 쓰지 못 했을 경우. |

| | | |
|---|---|---|
| 변형 확대<br>및<br>응 용 | • 연두색 상자 이중모음이 들어가는 이동글자<br>ㅐ(고래),ㅔ(게),ㅚ(예절),ㅒ(애기), ㅘ(사과),ㅢ(참외),ㅟ(가위),ㅝ(권투), ㅙ(왜),ㅞ(웨이터)<br>• 자음 모음을 합성하여 작은 카드에 한자씩 읽어 본다. | 지 도 상 의 유 의 점 |
| | | • 교사의 소리를 듣고 이동자모를 사용하여 글자를 만들게 한다. |
| | | 관 찰 ( 아 동 평 가 ) |
| | | • 소리를 듣고 이중모음이 있는 단어를 조합하고 읽을 수 있는가? |

### 활동(24)

| 주 제 | 이중 자음의 합성<br>(주황색 상자) | 대상연령 | 만 4~5세 |
|---|---|---|---|
| 교 구 | 이중자음(쌍자음 ㄲ,ㄸ,ㅃ,ㅆ,ㅉ)이 들어 있는 단어의 상자,<br>사물의 그림과 단어가 쓰여 있는 정정 카드<br>이동자모와 연두색 상자 | | |
| 목 적 | 직 접 | • 필기도구를 바르게 쥐고 그리거나 쓸 수 있다.<br>• 실물이나 사진을 이용해 모음을 추가로 익힐 수 있다. | |
| | 간 접 | • 쓰기와 읽기를 준비 한다.<br>• 신경근육과 촉각에 대한 민감기를 개발시킨다. | |
| 선 행 학 습 | 모래글자, 이동자모 분홍 상자, 파란 상자, 연두색 상자, | | |
| 언 어 | 개구리, 개, 상자, 모음, 자음, 음소 | | |
| 교 구 제 시 | | | |

- 55 -

| | | |
|---|---|---|
| 활동과정 (상호작용) | ● 활동 명: 주황색 상자(이중자음 -ㄲ, ㄸ, ㅃ, ㅆ, ㅉ<br>제시1) 쓰기에 유용한 매트를 준비<br>• 모래종이 글자를 이용하여 여러 가지 자음(ㄱ)의 소리를 알아 본다.<br>• 다시 'ㄱ'을 꺼내놓고 이 두 개가 합하면 세게 소리가 난다! 고 말해 주며 코끼리를 이동자모로 구성한다.<br>• ㅋ+ㅗ= 코   • ㄲ+ㅣ= 끼   • ㄹ+ㅣ=리 → '코끼리' 가 된다<br>• 상자 안에서 코끼리를 꺼내면서 이름을 말해본다.<br><br>제시2) 쓰기매트에서 배운 모음을 이용해 사진이나 그림에 맞는<br>• 이름을 써 보게 한다.(대걸레), 개 ,상자<br>• 아이가 모두 조합하면 교사는 쓴 글자를 읽어 준다.<br>• 교사는 아이가 만들어 준 글자를 하나씩 발음해 가며 종이에 쓴 후, 아이에게 준다. 오류정정은 카드 뒷면을 참조한다.<br>• 아이는 교사가 종이에 써 준 글자를 받은 후 하나씩 발음해 본다.<br>• ㄲ, ㄸ, ㅃ, ㅆ, ㅉ가 든 낱말이나 명사를 찾아본다.<br>• 꼬집다, 까마귀, 꼬마,  -때때옷, 때리다, 오빠, 뿔났다, 뿔났다,<br>• 쏟다, 썩다, 썰매, -쪼개다, 쪼글쪼글,  등<br>• 활동이 끝나면 이동자모를 소리별로 상자에 넣어 정리한다. | |
| 흥미 요소 | 이동자모로 초성이 이중 자음인 단어를 만들어 보는 것 | |
| 실수정정 | 모음을 바르게 읽지 못할 때. | |
| 변형 확대 및 응 용 | • 세 번째 주황색 상자 (이중 자음 단어)<br>  쌍자음의 글자를 찾아보고 읽어본다.<br>• ㄲ-꼬리 , 꼬마, 까마귀, 까치, 꽃, 꿀 등<br>• ㄸ- 딸(아들), 딸기, 땅콩, 땀,, 귀뚜라미,<br>• ㅃ- 오빠, 아빠, 바빠,, 빨대, 빨래,<br>• ㅆ-씨앗, 썰매, 쌍둥이, 쓰레기, 쑥 ,씨름<br>• -ㅉ-짜다, 찌르다, 찧다, 찌개<br>(더 많이 준비하여 도와준다) | 지 도 상 의  유 의 점 |
| | | • 쌍자음이 들어가는 낱말이나 명칭카드를 충분히 만들어 준비한다. |
| | | 관 찰 ( 아 동 평 가 ) |
| | | • 쌍자음이 들어가는 말을 찾거나 읽을 수 있다. |

활동(25)

| 주 제 | 종성이 이중 자음<br>(노란색 상자) | | 대상연령 | 4세 이상 |
|---|---|---|---|---|
| 교 구 | • 이동글자 상자. 노란색 상자(종성이 이중 자음인 사물 상자)<br>빨간색, 파란색 색연필, 종성. 사물의 그림과 단어가 쓰여 있는 정정 카드 | | | |
| 목 표 | 직 접 | • 받침이 이중 자음인 글자를 만들고 정확히 소리를 낼 수 있다.<br>• 받침의 의미를 이해한다. | | |
| | 간 접 | • 쓰기, 읽기를 위한 준비를 한다. | | |
| 선행학습 | 분홍 상자, 파란 상자, 연두색 상자, 주황색 상자. | | | |
| 언 어 | 밖, 읽다, 닦다, 샀다, 많다 등 받침이 이중자음인 글자 | | | |
| 교구<br>제시 | 많다.    샀다.    읽다.<br>흙 밭.    곪다.    섞다.<br>넓다.    읽다.    앓다.<br>옳다.    짧다.    낚다. | | | |

| | |
|---|---|
| 활동과정<br>(상호작용) | ● 활동 명: 종성이 이중자음으로 구성된 음절<br>제시1) 종성이 이중 자음의 받침으로 된 단어(예: 닭다, 샀다, 많다 등)를 소개.<br>• 이동자모 상자를 준비한다.<br>• 종성의 이중 자음의 구성을 안다.(ㄴㅈ = ㄴ + ㅈ, ㄹㅂ = ㄹ + ㅂ)<br>• 이동자모로 단자음에 단모음을 결합하여 음절을 만들고 이중 자음을 결합하여 음절을 만들고 읽는다.(예: 앉다, 많다, 읽다 등)<br><br>제시2) 노란색 상자<br>• 상자 안에 있는 이미지 카드를 꺼내면서 이름을 말한다.<br>• 이미지에 해당하는 단어를 이동자모로 글자를 합성하여 낱말을 써 본다.<br>• 실수의 정정은 카드 뒷면으로 한다.<br><br>제시3) 어휘의 확장<br>• 책상위에 감각교구(빨강 박대, 꼭지 원기둥)를 가져온다.<br>• 이동글자를 가져와 긴 빨강 막대 밑에 (길다, 짧다) 새로운 낱말을 구성한다.<br>• '길다, 짧다'의 소리를 내어본다.<br>• 교사가 써 온 글자를 읽고 이동 글자로 구성한다.<br>• 지금까지 나온 단어를 소리를 내어 읽어본다.<br>• 읽은 낱말을 교사가 종이에 써서 아동에게 준다.<br><br>- 교구를 정리한다. |
| 흥미 요소 | 이동자모의 합성으로 새로운 단어를 만들어 보는 것 |
| 실수정정 | 소리와 단어가 잘못 연결이 되었을 때. |

| | | |
|---|---|---|
| 변형 확대<br>및<br>응 용 | • 교사의 소리를 듣고 이동자모로 여러 가지 단어를 만들어 본다.<br>• 유아가 자유자재로 만들고 싶은 낱말을 구성한다. | 지 도 상 의 유 의 점 |
| | | • 종성이 이중자음으로 구성된 음절은 어려우므로 맞춤법에 유의하여 지도를 한다. |
| | | 관 찰 (아 동 평 가) |
| | | • 종성이 이중자음으로 구성된 음절을 만들고 소리를 낼 수 있는가? |

활동(26)

| 주 제 | 확장. 1<br>짧은 어구 구사 및 쓰기 | 대상연령 | 만 4~5세 |
|---|---|---|---|
| 교 구 | 종이, 쓰기용 매트, 여러 가지 간단한 단어카드<br>빨강색, 노란색, 초록색의 색종이 원, 4-5개 정도 | | |
| 목 적 | 직 접 | • 간단한 어구를 쓰고 능숙하게 말할 수 있다.<br>• 신경근육과 촉각에 대한 민감기를 개발시킨다. | |
| | 간 접 | • 주어진 어떤 특정한 것에 대한 어구(문구)를 쓸 수 있다. | |
| 선행학습 | 확장(제목) | | |
| 언 어 | 파란 하늘, 빨간 드레스, 예쁜 꽃 | | |
| 교 구<br>제 시 | | | |

| | |
|---|---|
| 활동과정<br>(상호작용) | ● 활동 명: 짧은 어구<br>제시1) 오늘은 몇 개의 단어를 이어서 써 보자<br>• 여러 가지 간단한 단어카드를 읽어 본다<br>• 큰 매트위에 이동글자와 쓰기 매트를 놓는다.<br>• 유아에게 사물 하나를 보여주며 어떤 것인지 말하게 한 후 짧은 어구로 말해보고 써 보게 한다.<br>• 유아에게 구를 말하며 손가락 두 개를 펴 보여 단어가 두 개 임을 인식시킨다.<br><br>제시2) 단어를 이어서 바르게 써 보기(이동자모와 쓰기용 매트를 준비).<br>• 한 단어를 쓰게 한 후에 잠시 쉬도록 한다.<br>"우선 네가 '파란"하늘'이라는 글자를 써보자."<br>"이제부터는 두 개의 단어를 같이 써보도록 하자."<br>"이번엔 파란 하늘'이라는 글자를 써보자."<br>• 보통 표음어구는 3개의 어구로 만든 다음 끝을 낸다.<br>   파란 하늘을 보아라. 등)<br><br>제시3) 두 단어 단어사이에는 쉬었다가 가라는 표시로 노란색의 원을 놓기.<br>• 유아가 원을 놓으면 나머지 단어를 하나하나 소리를 내면서 쓴다.<br>  (짧은 구를 3-4개 같은 방법으로 한다)<br>• 유아가 쓴 것을 교사는 다시 그대로 종이에 옮겨 적어서 준다.<br>"네가 쓴 것을 읽어 볼래?"<br>• 유아에게 소리별로 상자에 넣어 정리하게 한다. |
| 흥미 요소 | 일상생활에서 좋아하는 단어와 구를 써보는 것 |
| 실수정정 | 단어와 구의 활용이 잘 되지 못할 때 |

| | | |
|---|---|---|
| 변형 확대<br>및<br>응용 | • 음료수, 옷, 모자, 꽃, 음식 등 다양한 제목을 주어 어구확장 놀이를 한다. | 지 도 상 의 유 의 점 |
| | | • 쉬운 어구를 미리 준비해 둔다. |
| | | 관 찰 (아 동 평 가) |
| | | • 간단한 두 단어로 구를 만들어 읽고 쓸 수 있는가? |

## 활동(27)

| 주 제 | 확장. 2<br>긴 어구의 구사(a phrase)및 쓰기 | | 대상연령 | 만 4~5세 |
|---|---|---|---|---|
| 교 구 | 빨강색, 노란색, 초록색의 색종이 원, 4-5개 정도의 사물이 든 상자 구와 이동글자를 담는 상자, 이동자모, 쓰기용 매트, 단어카드, 필기도구 긴 문구를 쓴 언어카드 | | | |
| 목 적 | 직 접 | • 몇 개의 단어를 연결하여 늘어놓거나 쓸 수 있다.<br>• 짧은 어구를 능숙하게 구사할 수 있다. | | |
| | 간 접 | • 글자(symbol)와 소리의 연계성에 대한 개념을 익힌다.<br>• 주어진 어떤 특정한 것에 대한 어구(문구)를 쓸 수 있다. | | |
| 선행학습 | 장모음, I spy | | | |
| 언 어 | 원, 빨간색, 초록색, 노란색, 구, 문장, 동물/식물이나 사물의 이름 | | | |
| 교구제시 | | | | |

| | | |
|---|---|---|
| 활동과정<br>(상호작용) | ● 활동 명: 구 (어 구)<br>• 교통신호의 색깔에 대하여 이야기 나누기.<br>• 오늘은 재미있는 새로운 공부를 해 볼 거예요.<br>• 여기에 예쁜 빨강색, 노란색, 초록색의 색종이 원이 있구나.<br><br>제시1) 문구에서 초록색 원을 놓는 곳 제시하기.<br>• 엄마랑, 아빠랑 길을 가다가 초록불이 켜지면 어떻게 하지요?<br>  건너갑니다! 그래요. 매트위의 파란 원도 가라는 시작 표시예요.<br>• 여기서부터 문장의 맨 앞에 파란 원을 놓는다.<br><br>제시2) 문구에서 노란색 원을 놓는 곳을 제시하기.<br>• 노란색 원을 보여주며 이때는 차가 어떻게 갑니까?<br>  천천히 갑니다.<br><br>제시3) 문구에서 빨간색 원을 놓는 곳을 제시한다.<br>• 길을 가다가 빨간불이 켜지면 어떻게 하나요?<br>• 가지 않고 멈춰 섭니다.<br><br>제시4) 교사는 유아에게 사물을 하나 보여주면서 어떤 것인지 말하도록 한 후 문구를 짧게 만들어 써보고 읽어 보기.<br>• 구를 말하며 손가락 두개를 펴 보이며 단어가 두 개임을 알려 준다.<br>• 한 단어를 쓴 다음에는 잠시 쉬도록 한다. 결국 한 단어와 다음 단어의 사이는 천천히 쉬었다 가야하니까 노란색 원을 놓아라.<br>• 유아가 다시 짧은 구를 서너 개 써서 매트에 늘어놓기.<br>• 교사는 위에서 부터 하나씩 읽어주며 색상 원을 놓는다.<br>• 유아들도 함께 큰 소리로 읽어 본 후 교구를 정리한다. | |
| 흥미 요소 | 일상생활에서 좋아하는 단어와 구를 써보는 것 | |
| 실수정정 | 단어와 구의 활용이 잘 되지 못할 때 | |
| 변형 확대<br>및<br>응 용 | • 음료수, 옷, 모자, 꽃, 음식 등 다양한 제목을 주어 어구확장 놀이를 한다.<br>• 각자 긴 문구를 쓴 문장카드를 만들어 읽기색상 원을 놓아 본다. | 지도상의 유의점 |
| | | • 쉬운 어구를 미리 준비해 둔다. |
| | | 관찰 (아동평가) |
| | | • 간단한 두 단어로 구를 만들어 읽고 쓸 수 있는가? |

## 활동(28)

| 주 제 | -기계적 쓰기-<br>**철판 도형** | 대상연령 | 만 3세 반 |
|---|---|---|---|
| 교 구 | 철판도형(14cm×14cm 크기로 빨간색 도형 틀에 꼭지가 달린 파란색의 철판도형이 비스듬한 2층 선반에 정리되어 있다)<br> 곡선 -계란 원, 타원, 곡선 삼각형, 사다리꼴, 오각형<br> 직선- 정사각형, 직사각형, 삼각형, 사다리꼴, 오각형<br> 종이(14cm× 14cm),색연필(12색), 필통, 쟁반, 책받침 | | |

| 목 적 | 직 접 | • 쓰기도구의 사용법을 익히고 근육의 조절능력을 기른다.<br>• 읽기, 쓰기를 위한 미적 감각과 세련된 눈의 훈련이 된다. |
|---|---|---|
| | 간 접 | • 시각적 감각 발달을 기른다.<br>• 정확히 보고 조정하는 능력과 다양한 필기도구의 사용능력을 기른다. |

| 선행학습 | 꼭지 원기둥(감각영역), 기하도형 서랍, 구슬 끼우기, 콩 집기, 촉각교구 일상생활 영역의 활동 들(예: 흩어진 콩을 집기), |
|---|---|
| 언 어 | 철판도형, 원, 타원형, 계란형, 직사각형, 정사각형, 사다리꼴, 마름모꼴, 곡선삼각형, 꽃 마름모형 |
| 교구제시 | |

| | |
|---|---|
| 활동과정<br>(상호작용) | ● 활동 명: 철판 도형<br>제시1) 철판 도형그리기는 책상에서 하는 것이 좋단다.<br>• 촉각교구촉각교구 쟁반에 철판도형 중 원 1개와 종이(14cm×14cm) 색 연필(2개), 책받침을 준비한다.<br>철판도형은 오른 쪽에 놓고 받침대는 왼 쪽에 놓는다.<br>-연필 바로 쥐기<br>• 왼손으로 연필을 집어서 오른손으로 바로 잡는다.<br>• 첫 번째와 두 번째 손가락으로 연필을 꼭 잡은 다음에 세 번째 손가락으로 연필을 받쳐 바로잡는다.<br>• 책받침위에 종이를 놓고 빨간색의 도형 틀을 종이와 정확하게 맞추어 놓는다.(종이가 움직이지 않도록 한다.)<br>• 철판도형의 틀을 대고 왼손으로 틀의 끝을 잡고 시계반대 방향(ㅇ자 방향 순서)으로 원의 밖을 따라 그린 후. 철판도형을 들어 오른 쪽에 놓기<br>• 왼손으로 종이와 도형을 누르고 오른손으로 도형의 안쪽을 따라 원안을 좌우로 선을 그어 나간다. 선이 끊이지 않도록 연이어 그린다.<br>• 색연필을 놓고 다른 색연필을 잡은 후에 종이를 90도로 돌린다.<br>다시 철판도형을 올려놓고 다른 색의 색연필을 잡는다.(반복시도)<br><br>제시2) 도형 그림에 색칠하기<br>• 위와 같이 도형 그림을 그리고 제3의 다른 색연필로 가볍게 색칠을 한다. 그림틀로 부터 나가지 않게 하고 선이 끊어지지 않게 한다.<br><br>제시3) 종합도형 그리기<br>• 한 개의 도형의 틀을 사방을 돌려가며 그리고 색칠한다.<br>• 두 개 혹은 세 개의 도형의 틀로 돌려가며 그린다.<br>• 긴 종이에 도형의 틀을 조금씩 비켜가며 그린다.<br>• 큰 종이에 파란색의 도형을 이용하여 그린다, |
| 흥미 요소 | 연필로 쓴다는 것, 다양한 색상의 종이를 골라 쓰는 일 |
| 실수정정 | 철판도형의 모양, 연필을 쥐는 모습이 바르지 않을 때. |

| | | |
|---|---|---|
| 변형 확대<br>및<br>응 용 | • 쓰기 책상을 이용한다.<br>• 철판도형은 원모양부터 그려서 직선의 순으로 제시해 본다.<br>• 여러 가지 도형을 종합적으로 이어 그리기, 포개 그리기를 하고 원하는 색을 칠한다. | 지 도 상 의 유 의 점 |
| | | • 철판도형은 원에서 시작하여 직선도형, 곡선도형 순으로 제공하고 타원형은 가로로 계란형은 세로로 제공한다. |
| | | 관 찰 (아 동 평 가) |
| | | • 연필을 바르게 쥐고 철판도형을 그릴 수 있는가? |

## 활동(29)

| 주 제 | -기계적 쓰기-<br>칠판과 종이에 쓰기 | 대상연령 | 만 3세 반 |
|---|---|---|---|
| 교 구 | 작은 칠판, 필기용구, 이름표 카드, 다양한 필기용지(색상, 재질, 크기 용지의 재질, 칸이 없는/있는), 유아가 쥐기에 편리한 필기도구, | | |
| 목 적 | 직 접 | • 분필로 칠판에 글씨를 쓸 수 있고 보며 쓰기활동을 즐긴다.<br>• 연필로 종이에 글씨를 쓸 수 있고 쓰기를 즐긴다. | |
| | 간 접 | • 종이에 글쓰기의 준비를 하고 소 근육을 발달시킨다.<br>• 유아의 근육이 발달하면서 칸이 있는 종이에도 글씨를 쓸 수가 있다 | |
| 선행학습 | 이동 자음 모음, 모래글자 철판도형, 옮기기 | | |
| 언 어 | 이름표, 칠판, | | |
| 교구제시 | | | |

| | |
|---|---|
| 활동과정<br>(상호작용) | ● 활동 명: 칠판과 종이에 쓰기 (쓰기의 폭발)<br>제시1) 글자 쓰기 전의 훈련:<br>• 크레파스 (연필)쥐어 보기 - 크레파스로 마음대로 낙서하기<br>• 좌우로 선 (물결 선, 직선 등) 긋기 - 도형 그려보기 (네모, 세모, 동그라미 (시계 반대 방향으로 그린다.) 그리기. 자음, 모음 써 보기 등 전시 학습을 상기 한다.<br>• 교실의 환경에서 우선 큰 글자를 찾아내고 읽어 본다<br><br>제시2) 작은 칠판과 필기 용구의 소개(다양한 종이와 필기 용구)<br>• 평소 쓰기 공간을 만들어 주고 책상, 의자, 연필, 스카치, 테이프, 종이, 풀, 봉투, 스탬프 등으로 원하는 쓰기 활동을 한다.<br>• 종이의 크기는 너무 크지 않은 것으로 한다.<br>-분필을 이용하여 칠판의 왼쪽에서 오른 쪽으로 선긋기를 먼저 해 본다<br>• 이동자모로 먼저 이름을 써 보거나 검지로 이름표위의 이름을 써 본다.<br><br>제시3) 종이에 이름쓰기<br>• 여러 유아들의 이름을 바닥에 늘어놓은 다음 교사가 한 사람씩 이름을 부르면 자신의 이름표를 찾아서 높이 들어 보인다.<br>• 종이나 벽, 칠판, 연필, 손가락, 모래, 돌 등에 글자를 쓰는 방법을 가르쳐 준다.<br>• 용지와 필기도구를 선택하고 자신의 이름(좋아하는 글자)의 첫 자를 먼저 쓰기 시작한다.(아이가 알기를 원하는 이름이나 글자는 즉시 써 준다)<br>• 내 짝의 이름 또는 내가 써 주고 싶은 사람의 이름도 써 본다.<br>• 친구의 얼굴을 그려서 색칠해도 좋으며 이름을 써서 전시를 한다.<br><br>제시4) 칠판에 이름쓰기<br>• 교사는 아이가 이야기를 하고 교사가 받아 쓴 후 읽어 준다.<br>• 글을 잘 아는 유아는 이야기 글도 써 본다. |
| 흥미 요소 | 아동이 자신의 이름을 스스로 쓰는 것에 대한 즐거움. |
| 실수정정 | 연필을 쥐는 모습이 정확하지 않을 때, |

| | | |
|---|---|---|
| 변형 확대<br>및<br>응 용 | • 아버지, 어머니의 이름을 읽어 보거나 써 본다.<br>• 자신의 주소나 전화번호를 알아보고 능력에 따라서 써 본다.<br>• 다양한 종이를 항상 비치하여 쓰고, 쓰고 싶은 것을 마음대로 써 보거나 그려 본다. | **지 도 상 의 유 의 점**<br>• 필기도구를 바르게 쥐도록 한다. 엄지와 검지로 연필을 잡고 중지로 받쳐 준다.<br>• 유아의 근육이 발달하면서 칸이 있는 종이를 사용한다. |
| | | **관 찰 ( 아 동 평 가 )**<br>• 연필을 바르게 쥐고 자신의 이름을 정확하게 쓸 수 있는가? |

## 4. 읽기 단계 (Redading)

### 활동(30)

| 주 제 | 퍼즐 어 | | 대상연령 | 만 4세 반 |
|---|---|---|---|---|
| 교 구 | 퍼즐 어, 매트. | | | |
| 목 적 | 직 접 | • 단어들의 의미를 인식하는 능력을 기른다.<br>• 소리의 분석을 통한 기술의 습득, 어휘력 향상을 한다. | | |
| | 간 접 | • 책 읽기의 준비를 한다. | | |
| 선행학습 | 첫 번째 읽기수업 | | | |
| 언 어 | 여러 가지 퍼즐 어 | | | |
| 교 구 제 시 | | | | |

| | |
|---|---|
| 활동과정<br>(상호작용) | ● 활동 명: 단어의 의미를 알아보기.<br>제시1) 퍼즐 어(효율적으로 발음되지 않는 단어들로 반드시 암기해야만 하는 단어가 들어있는 카드)<br>• 퍼즐 어를 꺼내어 책상위에 놓고 3 단계 교수법으로 소개해준다.<br>• 오늘 선생님이 새로운 것을 가르쳐 줄게<br>• 3 단계 교수법으로 소개해준다.<br>• '수박'(낱말카드)을 제시하고 읽는다.<br>• 맛있는'(낱말카드)을 제시하고 이 단어는 '맛있는'이라고 읽는다.<br>• 다시 카드를 섞은 후'수박''맛있는'을 읽고 뜻을 알아보기<br>• 이젠 섞어 놓을 거야.<br>• '맛있는'을 가리켜 보고 소리를 내 본다.<br>　• '수박'을 가리켜 보고 소리를 내 본다.<br><br>제시2) 카드 읽기(처음엔 두 개로 시작한다)점차 단어의 수를 넓혀서 읽어보기<br>• 맛있는, 수박, 을, 먹고, 물놀이, 도, 하였습니다.'<br>• 카드를 섞어서 놓고 소리를 내어 읽어 본다.<br>• 퍼즐 어를 조합하여 문장을 만든다.<br>• 작업 후엔 교구를 정리한다. |
| 흥미 요소 | 퍼즐어로 문장을 만드는 게임에 흥미를 느낀다. |
| 실수정정 | 퍼즐어로 글자를 조합하는 것이 서툴 때. |
| 변형 확대<br>및<br>응　　용 | • 퍼즐 어를 읽기는 단어를 점차로 하나씩 첨가시켜 나간다. | 지 도 상 의　유 의 점 |
| | | • 퍼즐 어는 쉬운 단어부터 하고 어구나 문장 순으로 확대한다. |
| | | 관 찰 (아 동 평 가) |
| | | • 제시한 퍼즐 어를 읽을 수 있는가? |

활동(31)

| 주 제 | 동운어 읽기 | 대상연령 | 만 4세 반 |
|---|---|---|---|
| 교 구 | • 운이 같은 명칭의 실물 들(작은 장난감), 용기<br>• 운이 같은 단어들(각 운마다 약2개의 단어)과 해당된 그림카드 | | |
| 목 적 | 직 접 | • 운이 같은 단어카드를 읽을 수 있다.<br>• 단어들을 의미가 있는 것으로 인식하는 능력을 키운다. | |
| | 간 접 | • 운이 같은 실물이나 그림을 분류하여 읽기 기술을 개발시킨다. | |
| 선행학습 | 사물상자, 퍼즐 어 | | |
| 언 어 | 첫소리, 중간소리, 끝소리의 운이 같은 단어 들 | | |
| 교구제시 | 부산가서 붓사고<br>초량가서 초사고<br>섬에가서 섬사고<br>통영가서 통사고<br>마포가서 말사고<br>밀양가서 말사고 | | |

| | |
|---|---|
| 활동과정<br>(상호작용) | ● 활동 명: 동운 어<br>제시1) 실물이나 그림, 사진을 동운어로 분류하기<br>• 사물상자를 가져와 책상위에 놓고 하나씩 꺼내어 놓는다.<br>• 각각의 사물을 하나씩 집어 소리 내어 보고 운이 같은 것을 찾아 분류한다.<br>• 실물을 놓고 짝지은 것은 차례로 소리 내어보고 글자카드와 맞춘다.<br>" 첫소리가 같은 것이 여기 있구나! 읽어 볼래."(가방 - 가위),<br>" 가운데 소리의 운이 같은 실물들을 분류해 보자."(불나방 - 소나무 )<br>" 끝소리의 운이 같은 것을 읽어보자."(소쿠리- 항아리)<br>• 작업 후엔 정리하여 제자리에 놓는다.<br><br>제시2) 글자카드를 분류하고 읽어 보기<br>• 글자카드를 책상위에 놓고 하나씩 소리 내어 본다.<br>• 하나씩 소리를 내어 운이 같은 것끼리 찾아 분류한다.<br>• 분류가 끝나면 같은 운의 것끼리 계속 읽어본다.<br>"작업의 이름은 글자카드 분류하기야."<br>" 이 작업은 책상에서도 할 수 있고 매트에서도 할 수 있어."<br>        나사 - 나물 - 나비,<br>        하늘 - 바늘 - 비늘,<br>        병아리 - 송아지 - 망아지<br>• 수업 후엔 정리하여 제자리에 놓는다.<br><br>제시3) 운이 같은 단어 찾기<br>• 같은 운으로 나누어진 글자판과 글자를 준비한다.<br>• 두 개의 글자판을 놓고 글자판의 글자에서 빠진 부분을 넣는다.<br>• 빠진 부분에 해당되는 글자를 넣고 하나씩 소리 내어 읽어본다. |
| 흥미 요소 | 운이 같은 단어를 읽는 일 |
| 실수정정 | 운이 같은 단어나 그림을 분류하지 못할 때 |

| | | 지 도 상 의 유 의 점 |
|---|---|---|
| 변형 확대<br>및<br>응 용 | • 실물과 그림을 운이 같은 것끼리 분류하고 운을 이해하는 연습을 계속한다.<br>• 동화책이나 동시집을 놓고 운이 같은 글을 찾아서 읽어 보고 써 본다. | • 실물이나 그림의 이름을 분류할 때 어려움을 느끼지 않도록 돕는다. |
| | | 관 찰 (아 동 평 가) |
| | | • 실물, 그림을 운이 같은 것끼리 분류할 수 있는가? |

활동(32)

| 주 제 | 운율이 있는 글 | 대상연령 | 만 4세 반 |
|---|---|---|---|
| 교 구 | 단어의 끝소리는 같고 첫소리가 빈 칸으로 되어 있는 단어카드, 위쪽에 그림이 있는 여러 개의 카드, 운율이 적혀있는 작은 카드, | | |
| 목 적 | 직 접 | 민감기의 언어능력을 개발한다.<br>단어들의 운율을 인식하는 능력을 키운다. | |
| | 간 접 | 운이 같은 단어를 만들고 운이 같은 단어들을 분류하여 읽기 기술을 개발시킨다. | |
| 선행학습 | 운이 같은 단어군(실물분류, 그림분류) | | |
| 언 어 | 운율이 같은 단어 | | |
| 교 구 제 시 | ### 한글 전통 노래<br><br>가갸 가다가　　　　　나냐 나하고<br>고교 고기잡이　　　　구규 국을 끓여<br>나냐 나도 먹고　　　　너녀 너도 먹고<br>노뇨 노나(나눠)먹자　　누뉴 누가 먼저<br>다댜 다 먹었나　　　　더뎌 덥다고(오)<br>도됴 됬다먹자　　　　　두듀 두지 말고<br>랴랴 요(료)리하여　　　루류 루(누)룽지 까지<br>마먀 마저 먹자 | | |

| 활동과정<br>(상호작용) | ◉ 활동 명: 운율이 있는 글<br>제시1) 운율이 같은 단어 읽어보기<br>• 같은 운율로 나누어진 글자판과 글자를 준비한다.<br> - 두 개의 글자판을 놓고 글자판의 글자에서 빠진 부분을 넣는다.<br> - 빠진 부분에 해당되는 글자를 넣고 하나씩 소리 내어 읽어본다.<br>　　　　"맹꽁이"　　　　　　　　　"부엉이"<br>　　가벼우냐　맹꽁　　　　　떡해 먹자　부엉<br>　　무거웁다　맹꽁　　　　　양식 없다　부엉<br>　　무거우냐　맹꽁　　　　　걱정 말게　부엉<br>　　가벼우냐　맹꽁　　　　　꿔다 하지　부엉<br>　　　　　　　　　　　　　언제 갚게　부엉<br>　　　　　　　　　　　　　갈에 갚지　부엉<br>• 운율이 같으면 어떤 느낌이 나는지 이야기한다.(재미있고 노래와 같다)<br><br>제시2) 동시 낭송하기<br>• 아이들에게 모든 단어와 의미를 이해하는 것은 불가능하지만 소리의 리듬을 들을 수 있으며 언어의 음악성을 안다.<br>• 동시에 나오는 운율이 같은 것을 찾아보기<br>• 유아가 운율이 있는 동시를 소리를 내어 읽어 본다.<br><br>제시3) 운율(반복되는 소리, 손가락 놀이, 노래, 동물의 울음소리) 찾기<br>• 리듬과 반복되는 소리는 아이들이 좋아한다.<br>• 단어를 들려주고 리듬이 같은 두 단어를 찾게 한다.<br>• 동물의 울음소리를 흉내 내고 글자를 찾아 연결하고 읽어본다.<br>　(강아지-멍멍, 병아리- 삐악 삐악, 송아지- 음매음매, 참새-짹짹 짹짹) |
|---|---|
| 흥미 요소 | 운율이 같은 단어는 읽기에 흥미를 이끌어 준다. |
| 실수정정 | 운율이 같은 단어를 찾는 것을 어려워할 때. |

| 변형 확대<br>및<br>응　　용 | • 실물이나 그림, 사진을 보고 운율이 같은 단어를 만들어 보기 | 지 도 상 의　유 의 점 |
|---|---|---|
| | | • 운율의 의미를 실지로 단어 카드를 제시하여 쉽게 이해시킨다. |
| | | 관 찰 (아 동 평 가) |
| | | • 운율이 같은 단어를 만들고 읽을 수 있는가? |

## 활동(33)

| 주 제 | - 첫 번째 읽기 학습 -<br>사물과 명칭분류, (동운어) | 대상연령 | 만 4세 반 |
|---|---|---|---|
| 교 구 | 실물과 그림카드, 명칭카드, 연필 두 자루(파란색, 빨간색 연필), 동운어 카드<br>작은 종이쪽지, 쟁반, 명칭카드, 단어 일람카드와 사물 상자 준비, 작은 단어 책 | | |
| 목 적 | 직 접 | -언어 특히 읽기에 대한 민감기 활동을 개발시킨다.<br>-단어들을 의미가 있는 것으로 인식하는 능력을 기른다. | |
| | 간 접 | -읽기의 기슬을 개발 시킨다.<br>-소리를 합성하는 능력을 키운다. | |
| 선행학습 | 운이 같은 단어군, 이동자모에 대한 폭넓은 경험 | | |
| 언 어 | 읽기, 여러 가어 | | |
| 교구<br>제시 | | | |

| | |
|---|---|
| 활동과정<br>(상호작용) | ● 활동 명: 첫 번째 읽기 학습 -이 작업은 책상에서도 할 수 있다.<br>제시1) 사물과 명칭이든 상자 -그림이나 실물을 분류하고 읽어 보기<br>• 체적인 실물을 가져와 책상위에 놓고 하나씩 꺼내어 놓는다.<br>• 각의 사물을 하나씩 집어 소리 내어 보고 운이 같은 것을 찾아 분류한다.<br>• 실물을 놓고 짝지은 것은 차례로 소리 내어본다.<br>• 교사가 종이와 연필로 물건의 명칭을 하나씩 써 주면 읽고 좌측 상단에 놓기.<br>• 유아에게 명칭카드를 하나씩 주며 물건의 옆에 짝지어 놓거나 그림카드분류<br>• 교사는 물건의 명칭을 한번 씩 읽어 준다.(명칭을 쓴 것은 가져가도 된다)<br><br>제시2) 단어일람 카드와 운이 같은 단어군 읽기<br>• "이번 작업의 이름은 운이 같은 실물들을 분류하는 것이야."<br>• 물건(그림)이나 명칭카드가 든 교구를 책상위에 옮겨 놓기<br>• 작은 색상지 하나에 5-10개의 단어(동운어도 첨가)를 순서대로 세로로 쓰기<br>• 글자카드를 책상위에 놓고 하나씩 소리 내어 본다.<br>• 상단의 단어 목록의 첫 글자 상징은 그림을 넣어서 만들거나 단어 일람 카드 표지의 색을 빨강. 파랑 노랑으로 수준을 구별해 준다.<br>• 단어 일람 카드의 그림을 보고 첫 단어를 읽기를 도입한다.<br>• 주제별(예: 의복, 조끼, 바지, 벨트)로 나누어 추가 활동을 한다.<br>• 하나씩 소리를 내어 운이 같은 것끼리 찾아 분류한 후. 같은 운의 것끼리 계속 읽어본다.<br><br>제시3) 작은 단어 책 - 간단한 사물그림과 명칭을 쓴 책을 읽기<br>• 분홍색 단어 책 14권(겉장에ㄱ-ㅎ 모두게시)<br>• 파란색 단어 책 14권(받침별로 ㄱ-ㅎ)<br>• 연두색 단어 책 7권(ㅖ,ㅐ,ㅔ,ㅚ,ㅓ,ㅘ,ㅝ)<br>• 주황색 단어 책 6권(받침용 겹 쌍자음(ㄲ,ㄸ,ㅆ,ㅃ,ㅉ)<br>• 각 색상별로 한권씩 선택하여 읽은 후 제 위치에 정 |
| 흥미 요소 | 실물과 명칭카드를 매치시키기 |
| 실수정정 | '운'을 확실히 이해하지 못할 때. |

| | | |
|---|---|---|
| 변형 확대<br>및<br>응 용 | • 첫 번째 읽기 수업이 익숙하면 점차 긴 문장을 읽어 보기.<br>• 운이 같은 단어 카드 만들기 | **지 도 상 의 유 의 점**<br>• 발달단계에 따라 교구의 난이도를 다르게 하되 본 제시 내용은 약 3회 이상의 시간을 실시한다. |
| | | **관 찰 ( 아 동 평 가 )**<br>• 사물의 명칭카드를 읽을 수 있는가? |

## 활동(34)

| 주 제 | - 두 번째 읽기 학습 -<br>구와 사물 상자, 그림과 명칭<br>환경의 명칭 | 대상연령 | 만 4세 반 |
|---|---|---|---|
| 교 구 | -이야기의 대표되는 그림을 잘라서 만든 카드와 각 장면을 요약한 문장 카드, 농장의 동물 인형과 바구니, 매트, 사물상자.<br>-한 장씩 상황을 나타내는 문장들 | | |
| 목 적 | 직 접 | • 구의 읽기능력을 향상시킨다.<br>• 단어들의 의미를 이해하는 능력을 기른다. | |
| | 간 접 | • 책읽기의 준비를 한다.<br>• 소리의 분석을 통한 기술을 습득하고 어휘력을 기른다. | |
| 선 행 학 습 | 첫 번째 읽기수업 | | |
| 언 어 | 여러 가지 퍼즐 어 | | |
| 교 구 제 시 | | | |

| | |
|---|---|
| 활동과정<br>(상호작용) | ● 활동 명: 두 번째 읽기 학습(영어의 비표음어- 사물의 이름 읽기<br>제시1) 사물과 명칭을 바르게 읽기<br>• 사물상자를 책상위에 올려놓는다.<br>• 물건(그림)이나 글자가 들어있는 통을 꺼내어 열어 보이며 세 개의 물건이나 그림을 고르면서 물건의 이름을 말한다.<br>• 교사가 종이와 연필을 꺼내며 "너에게 무엇인가? 를 써줄 거야"하며 준비한 단어 일람카드를 보며 명칭을 써 준다.<br>• 교사가 써준 것을 읽은 후 책상 왼쪽 상단에 놓는다.(같은 방법 반복)<br>• 교사는 명칭과 물건을 한번 씩 함께 읽어 준다.<br>• 아는 명칭과 물건들의 짝을 맞춘다.(작업 후 명칭을 쓴 종이를 원한다면 가져간다).<br><br>제시2) 사물상자 (읽기 학습)<br>• 원하는 그림카드를 책상위에 놓고 첫 번째 읽기.<br>• 좋아하는 동물(집짐승, 들짐승), 새 ,꽃, 사물의 이름 등으로 확장한다.<br>• 색상, 재질, 종이의 크기를 다양하게 준비하여 준다.<br>• 아동의 사물함에 넣어주고 자신의 이름표를 넣어주고 찾아보게 한다.<br>• 작업 후에는 정리를 한다.<br><br>제시3) 환경내의 사물의 명칭을 써 주고 사물의 명칭카드 읽기<br>-가지고 올수 없는 물건들의 명칭카드와 실물들의 짝짓기<br>• 필기도구와 실물을 책상위에 놓는다. 이제 새로운 것을 배워보자.<br>• 교사가 물건의 이름을 써주면 읽은 후에 물건을 정확히 찾아가서 접착테이프로 명칭을 붙이고 온다.<br>• 유아가 원하는 사물의 이름을 종이에 적어주면 유아는 사물 옆 짝지어 놓기<br>• 사물 옆에 짝지어 놓은 명칭카드의 글자를 소리내어 읽어 보기.<br><br>제시4) 가지고 올수 있는 것의 명칭카드와 환경에 있는 사물의 명칭을 써주고 정확히 읽고 그 물건을 정확히 담아 온다. |
| 흥미 요소 | 구를 읽어 보는 것 |
| 실수정정 | 말의 연결이 부적합 할 때. |

| 변형 확대 및 응용 | • 읽기학습의 여러 가지 활동목록<br>- 자모음 읽기 상자,<br>- 글자상자<br>- 작은 이동자음, 모음<br>- 봉투글자<br>- 그림카드 맞추기<br>- 명칭카드 읽기<br>- 세부분 명칭카드<br>- 유아가 선택하여 활동을 한다. | 지 도 상 의 유 의 점 |
|---|---|---|
| | | • 쉬운 단어부터 하고 어구나 문장 순으로 확대한다.<br>• 단어 일람카드 표지의 색을 빨강, 파랑 노랑으로 수준을 구별해 준다. |
| | | 관 찰 ( 아 동 평 가 ) |
| | | 사물의 명칭카드를 읽을 수 있는가? |

## 활동(35)

| 주 제 | 세 번째 읽기 학습<br>그림과 문장, 명령카드, 책 | 대상연령 | 만 4세 반 |
|---|---|---|---|
| 교 구 | - 실물, 그림카드, 명칭카드, 짧은 문장카드, 지시문, 여러 가지 책, 필기도구 | | |
| 목 적 | 직 접 | • 운율이 같은 단어카드를 읽을 수 있다.<br>• 단어들을 의미가 있는 것으로 인식하는 능력을 키운다. | |
| | 간 접 | • 운이 같은 실물이나 그림을 분류하여 읽기 기술을 개발시킨다. | |
| 선행학습 | 퍼즐 어 | | |
| 언 어 | 종, 조개, 오리, 트럭, 암탉, 종, 지도, 연필, 기계, 양말, 레몬, 동전, 모자, 양말 등 | | |
| 교구제시 | | | |

| | | |
|---|---|---|
| 활동과정<br>(상호작용) | ● 세 번째 읽기 학습 (그림과 문장)<br>-세 번째 읽기 학습은 많은 양이므로 여러 시간으로 계획 배분하여 학습을 한다.<br>-구체적인 실물을 가져와 책상위에 놓고 하나씩 꺼내어 놓는다.<br><br>제시1)<br>• 문장을 읽고 문장과 관련한 그림을 찾아본다.<br>• 작은 그림을 한 장씩 주고 설명을 해보도록 한다.<br>• 그림을 좌측 상단에서 하단으로 늘어놓는다.<br>• 문장카드와 관계되는 그림 옆에 문장카드를 놓는다.<br><br>제시2) 문장의 지시, 명령과 동작<br>• 지시를 나타내는 문장을 한 장 쓴 후 바닥에 엎어놓고 바로 앉는다.<br>• 활동순서가 오면 옆 친구에게 보여주며 지시나 명령대로 하도록 한다.<br>  예 -지금 주전자를 들고 오세요.<br>     -수 막대 1자리를 가져 오세요.<br>     - 연필과 종이를 가지고 내 얼굴을 그려 보세요.<br><br>제시3) 여러 가지 책을 보고 읽기 활동<br>  예- 유아가 글을 몰라도 감지할 수 있는 책<br>    - 유아가 글을 읽어야 그림과 내용을 이해할 수 있는 책<br>    - 그림 같은 힌트 없이 읽어서만 아는 글씨만 있는 책,<br>    - 사전 찾기- 준비한 단어 카드내용을 유아용 사전을 이용하여 읽어보고 이해하는 활동 | |
| 흥미 요소 | 운이 같은 단어는 흥미를 이끌어 준다. | |
| 실수정정 | 운이 같은 단어나 그림을 분류하는 것을 어려워할 때, | |
| 변형 확대<br>및<br>응 용 | • 한 장의 사전 꾸미기<br>종이 한 장에 낱말과 그림과 설명말을 쓴 후 친구들과 서로 돌려가며 읽는다. | **지 도 상 의 유 의 점**<br>• 본 학습(세 번째 읽기)은 여러 날로 나누어 천천히 학습을 한다.<br>**관 찰 ( 아 동 평 가 )**<br>• 글을 읽는 능력이 점차 향상되고 있는가? |

# 활동(36)

| 주 제 | - 세 번째 읽기 학습 -<br>환경 내의 사물이름 | 대상 연령 | 만 4세 반 |
|---|---|---|---|
| 교 구 | • 환경 안에 있는 사물<br>• 작은 종이쪽지, 실물들의 명칭카드, 초록색과 검정 색연필 | | |
| 목 적 | 직 접 | • 환경 안에 있는 사물의 명칭을 알고 읽을 수 있다. | |
| | 간 접 | • 읽기능력을 향상시킨다. | |
| 선행학습 | 동운 어(실물, 명칭카드 분류) | | |
| 언 어 | 환경 안에 있는 사물들의 이름 | | |
| 교 구<br>제 시 | (물고기, 꽃, 집, 여자아이, 남자아이, 리본, 미역, 산호, 불가사리, 바위) | | |

| | |
|---|---|
| 활동과정<br>(상호작용) | ◉ 활동 명: 환경 내의 사물 명칭(세 번째 읽기 학습)<br>제시1) 가지고 올수 없는 물건들의 명칭카드와 실물들의 짝짓기<br>• 필기도구와 실물을 준비하여 책상위에 놓는다.<br>• 오늘은 새로운 것을 배워보자.<br>• 교사가 물건의 이름을 써주면 읽은 후에 물건을 정확히 찾아 접착테이프로 명칭을 붙이고 온다.<br><br>제시2) 가지고 올수 있는 물건의 명칭카드와 실물들의 짝짓기<br>• 환경에 있는 사물의 명칭을 써주고 실물과 짝지어 보게 한다.<br>• 교사가 먼저 가지고 올수 있는 물건의 이름을 써 준다.<br>• 유아는 읽어보고 그 물건을 정확히 그릇에 담아 온다.<br>• 사물과 명칭을 적은 종이를 짝지어 본다.<br>• 유아와 함께 짝지어진 명칭을 소리 내어 읽어본다.<br>• 카드를 섞어 아동에게 다시 또 해 본다<br>• 작업 후엔 정리하여 제자리에 놓는다.<br><br>제시3) 감각교구의 연습<br>• 교구특징의 형용사를 정확하게 짝짓기 하고 읽는다.<br>• 꼭지 원기둥(크다, 작다/ 굵다, 가늘다/ 높다, 낮다, 깊다, 얕다)<br>• 분홍 탑(크다, 작다)    빨강막대(깊다, 짧다)<br>• 갈색계단(가늘다, 굵다)    음감(높다, 낮다, 음 이름)<br>• 온각 병(뜨겁다, 차갑다, 미지근하다, 따뜻하다) |
| 흥미 요소 | 환경 안에 있는 물건을 낱말카드와 짝짓기 할 때 |
| 실수정정 | 사물의 이름을 읽지 못할 때 |

| | | |
|---|---|---|
| 변형 확대<br>및<br>응 용 | • 일상생활 영역, 감각영역, 문화영역, 등이나 실내 환경에서 글자와 짝짓기하고 읽기를 계속한다. | **지 도 상 의 유 의 점** |
| | | • 실물들의 명칭은 다양한 소재를 통해서 모든 사물에는 이름이 있음을 알게 한다. |
| | | **관 찰 (아 동 평 가)** |
| | | • 모든 사물들의 이름을 쓰고 읽을 수 있는가? |

## 활동(37)

| 주 제 | 도서영역과 책 | 대상연령 | 만 1세 반 이상 |
|---|---|---|---|
| 교 구 | 여러 가지 책, 책상, 의자, 안락한 소파, 흔들의자 등 | | |
| 목 적 | 직 접 | • 도서영역의 활용을 바르게 할 수 있다.<br>• 책을 즐겁게 읽을 수 있다. | |
| | 간 접 | • 독서에 흥미를 가지며 언어 능력, 집중력을 기른다. | |
| 선행학습 | 책방이나 도서영역의 탐방, 구경, 탐방, 위치, 책장 넘기는 방법.<br>책을 보는 자세. 책을 고르는 방법 | | |
| 언 어 | 도서실, 동화 책, 말하기, 듣기, 읽기, 책, | | |
| 교구제시 | - AMS 수강 자료 중에서 원본 발췌 중)- | | |

| | |
|---|---|
| 활동과정<br>(상호작용) | ● 도서실<br>제시1) 도서실 사용<br>• 도서실의 규칙<br>• 도서실에 대한 이야기 나누기<br>  - 도서실은 무엇을 하는 곳인가?<br>  - 도서실에서의 언행을 이야기 한다.<br>  - 책장을 넘기는 방법을 이야기 한다.<br>  책을 선택하거나 다 읽은 후에 제자리에 꽂아야하는 까닭을 알아본다.<br><br>제시2) 우리 유치원에 있는 책에 대해서 이야기를 한다.<br>  - 동물에 대한 책  - 식물에 대한 책  - 여러 가지 이야기나 그림 책<br>  - 동요 동시집  - 백과사전<br>• 여러 가지 책 중에서 읽고 싶은 책을 골라본다.<br>  (동화책. 그림책, 동시집, 동요집. 백과사전)<br>• 실지로 독서영역에 가서 책을 읽어 본다.<br>  (동화책. 그림책, 동시집, 동요집. 백과사전)<br>• 책을 읽고 기억에 남은 이야기를 한다.<br>• 같은 책을 준비해서 함께 읽어 본다.<br>• 같은 책을 준비해서 한 사람씩 낭독을 한다.<br>• 책을 읽고 난 후엔 정리하여 다음 사람이 볼 수 있도록 한다. |
| 흥미 요소 | 책 읽기 |
| 실수정정 | 책을 소중히 다루기. |

| | | |
|---|---|---|
| 변형 확대<br>및<br>응용 | • 도서실 현장 답사계획세우기<br>• 도서실을 조용히 둘러본다.<br>약속과 질서를 지키도록<br>협의한다. | 지도상의 유의점 |
| | | 책에는 재미있는 이야기가 많음을 알려주고 책은 그 주의 학습주제와 같은 내용으로 자주 바꿔 준다. |
| | | 관찰(아동평가) |
| | | 그림책이나 책을 보고 마음대로 말로 표현할 수 있는가? |

# 5. 언어의 기능 (품사 - a Word Class)

## 활동(38)

| 주 제 | 명 사(Noun) | 대상 연령 | 만 5세 |
|---|---|---|---|
| 교 구 | 명사 상징(▲), 검은색 배지에 쓴 명사 언어카드세트, 동물 간이농장과 물체들, 물체의 명칭카드, 문장 분석을 위한 문장카드, 명령카드<br>여러 가지 필기도구(색연필, 직사각형의 종이, 책받침, 검정색, 연필), 가위 | | |
| 목 적 | 직 접 | • 명사의 의미와 기능을 알고 명사 어휘력을 확장시킨다.<br>• 사고력과 문장구성의 이해를 신장시킨다. | |
| | 간 접 | • 글을 쓰는 사고력, 문장구성력을 기른다.<br>• 문장을 분석하는 능력을 기른다. | |
| 선행학습 | 이동자모 활동, 읽기에 대한 경험 | | |
| 언 어 | 품사, 명사, 단어의 기능 | | |
| 교 구 제 시 | | | |

- 83 -

| | |
|---|---|
| 활동과정<br>(상호작용) | ⊙ 활동 명: 명사의 뜻과 상징 – 상징(▲)은 검은 색 삼각형<br>제시1) 나의 이름과 친구의 이름을 알아본다. – 출석 부르기 '김수철' '김영희' 이렇게 이 세상의 사물들은 모두 자기의 이름을 가지고 있어요. 그 이름은 명사라고 해요<br><br>제시2) 명사상징(▲)과 명칭카드가 든(닭, 오리, 등)봉투를 왼쪽상단에 놓기<br>• 명사(이름)를 알아보고 사물이름위에 명사상징 심벌을 놓아 본다.<br>• 동물 이름 – 공룡, 사자 돼지, 호랑이, 토끼, 사슴, 뱀, 원숭이 등<br>• 식물 이름 – 무궁화, 고무나무, 잣나무, 소나무, 고무나무, 등<br>• 과일 이름 – 포도, 복숭아, 감, 무화과, 사과, 배, 자두, 키위 등<br>• 꽃   이름 – 봉숭아 진달래 철쭉, 제비꽃, 금송화, 코스모스 등<br>• 채소 이름 – 시금치, 배추, 무, 파 등<br>• 산   이름 – 백두산 한라산, 청계산, 월악산, 소백산, 태백산 등<br>• 구름 이름 – 조개구름, 뭉게구름, 깃털구름 등<br>• 별   이름 – 북극성, 해, 달, 수성 금성, 화성, 목성, 토성, 천왕성 등<br><br>제시3) 명사 찾기 게임<br>유아는 쓰고 싶은 사물의 이름을 부르게 하고 교사는 받아서 써준다.<br><br>제시4) 동물 농장의 사물과 명칭을 짝 지어 보기<br>–동물 농장 을 매트 가운데 놓고 교사가 명칭카드를 제시하면 농장에서 명칭대로 꺼내어 놓고 명칭카드와 상징인 심벌을 놓는다.<br><br>제시5) 문장에서 명사 찾기 게임하기(명사상징 심벌, 연필, 실내의 사물들의 종이를 담을 상자 준비)<br>• 문장카드(예: 고양이는 생선을 좋아 한다)를 보고 명사를 찾아서 명사의 상징을 올려놓기. |
| 흥미 요소 | 명사에 상징마크를 놓는 것 |
| 실수정정 | 명사의 심벌 카드를 명사위에 놓는 까닭을 모를 때 |

| | | |
|---|---|---|
| 변형 확대<br>및<br>응 용 | • 유아가 아는 여러 이름을 정리해 보고 그 이름을 넣어서 문장을 만들어 본다.<br>• 동화책에서 여러 가지 명사를 찾아 상징카드를 놓아 본다. | **지 도 상 의  유 의 점**<br>• 철자법에 굳이 목적을 두지 말고 표현하려는 의도를 중심으로 한다.<br>• 다양한 이름의 명칭카드와 그림카드를 준비한다.<br><br>**관 찰 ( 아 동 평 가 )**<br>• '명사'라는 용어를 이해하고 사용할 수 있는 가? |

### 활동(39)

| 주 제 | 동 사(Verb) | 대상 연령 | 만 5세 |
|---|---|---|---|
| 교 구 | 동사 그림 카드, 필기도구와 쟁반,(종이 빨간색 연필), 행동을 나타내는 낱말카드, 동사상징 (빨간색의 큰 동그라미)이 든 상자. | | |
| 목 적 | 직 접 | • 행동을 나타내는 말을 사용할 수 있다.<br>• 언어의 시제를 인식하고 문장에 활용할 수 있다. | |
| | 간 접 | • 문장 분석을 위한 준비와 어휘력 향상을 돕는다.<br>• 질서감, 자율성 주의력, 집중력을 기른다. | |
| 선행학습 | 명사, 형용사, 관사, 읽기에 대한 경험 | | |
| 언 어 | 품사, 명사, 형용사, 관사, 동사, 단어의 기능 동사 언어 카드에 사용되는 말<br>과거, 현재, 미래 카드에 사용된 낱말 | | |
| 교 구<br>제 시 | | | |

- 85 -

| | |
|---|---|
| 활동과정<br>(상호작용) | ● 활동 명: 동 사<br>제시1) 지시어를 통해 동사의 의미 안내(움직임의 말).<br>• 선생님께 "연필을 주겠니?" 아동 : 네! 여기 있어요.<br>• "선생님에게 '던진다.'를 주겠니?" 아동 : 아니요, 드릴 수 없어요.<br> "그래, 기어간다는 행동(동작)이기 때문에 누구에게 줄 수가 없어요.<br>동작을 나타내는 말을 '동사'라고 한단다.<br><br>제시2) 오늘은 '동사' 상징인 빨강색 원과 명사 상징(▲)의 생김새를 보자<br>• 고양이, 닭, 오리, 그림이 든 봉투를 왼쪽 상단에 놓고 알맞은 '동사'<br> 말을 붙여 본다. '두드린다.', '달린다.' '닦는다.' 등<br><br>제시3) 행동 그림카드와 또 다른 설명된 언어카드를 읽어보고 같은 것끼리<br> 짝을 지어 놓는다.(예 달리는 그림카드 '달린다.' 의 언어카드의 매치)<br><br>제시4) 여러 가지의 동사 말을 동사인 말을 찾아보고 말해 보거나 읽어<br> 본다<br> 예) 뛴다'. '흔든다. '젓는다. '웃는다. '닦는다. 흐르다, 내리다 등<br><br>제시5) 동사와 특정한 상징(빨강색 원)의 사용<br>• 선생님이 쪽지에 제시한 동사를 읽어 보고 그 위에 동사카드를 놓기.<br> 예)영순 이는 열심히 음식을 만든다.('만들다', '뛰다', '놀다'눕다', '눈을<br> 뜨다', '감다', '엎드린다. 등<br><br>제시6) 동사의 시제(시제를 나타내는 카드, 문장 카드)<br> - 시제의 뜻: 과거, 현재, 미래를 말<br>• 과거           • 현재          • 미래<br> 어제, 아까, 그저께,   지금, 내일       내년, 장래,<br> 옛 날, 작년                                내일 다음<br>• 명사+동사 카드놀이<br>• 검정 명사카드를 하나씩 읽으며 아래로 늘어놓고 빨간 동사카드를 명<br> 사카드에 맞는 곳에 놓고 두 손가락으로 짚으면서 명사와 동사를 연결<br> 하여 읽기<br>• 활동 명: 부사 심벌 동사 활용<br>• 부사의 심벌 카드를 해당된 부사위에 놓기.(주황 색)<br> 도저히 부지런히, 천천히, 빨리, 느리게, 잠깐 살짝,<br>• 부사에 동사 붙이기. 예)도저히-도저히 모르겠어요. 등으로 서술한다. |
| 흥미 요소 | - 동사 밑에 동사 상징을 놓는 일.<br>- 오늘을 중심으로 과거와 미래가 있다는 것을 아는 것 |
| 실수정정 | 동사를 잘못 이해했을 때, |

| 변형 확대<br>및<br>응 용 | • 간단한 문장카드를 놓고 동사를<br>찾아 동사 상징을 놓아본다 | 지 도 상 의 유 의 점 |
|---|---|---|
| | | • 소그룹으로 활동하는 것이 효과<br>적이다. |
| | | 관 찰 ( 아 동 평 가 ) |
| | | • '동사'의 의미를 이해하였는가? |

활동(40)

| 주 제 | 형용사(Adjective) | 대상 연령 | 만 5세 |
|---|---|---|---|
| 교 구 | <ul><li>형용사 심벌(파란색 삼각형)</li><li>형용사 게임 상자(색깔만 다른 같은 모양의 사물 세 개 정도), 동물 농장의 명사카드와 형용사 카드.</li><li>필기도구가 든 상자 검정색, 파란색의 연필)</li><li>문장 분석을 위한 문장 카드 형용사 6개와 그 색과 관련된 사물 6개.</li></ul> | | |
| 목 적 | 직 접 | <ul><li>형용사의 기능을 알고 형용사와 명사의 관계를 이해한다.</li><li>형용사의 이해를 위하여 심벌(파랑색 삼각형)을 인지한다.</li></ul> | |
| | 간 접 | • 용사의 쓰임에 대해 알 수 있다. | |
| 선행학습 | 명사, 읽기에 대한 경험 | | |
| 언 어 | 품사, 명사, 형용사, 단어의 기능, 여러 가지 사물의 이름 | | |
| 교구제시 | | | |

| | |
|---|---|
| 활동과정<br>(상호작용) | ◉ 활동 명: 형용사<br>제시1) 형용사(파랑색 삼각형 (▲)<br>• 선생님에게 연필을 주겠니? '오!, 그것은 내가 원하는 것이 아닌데'<br>  "선생님은 빨강색 연필을 원했는데 선생님이 무슨 색(어떤) 연필이라고 설명해주는 말을 잃어버렸구나."(다시 말한다.)<br><br>제시2) 형용사 (실물과 명칭의 짝짓기)<br>• 고양이'를 제시하며 이것은 무엇이지요?"<br>  교사가 '고양이'라는 명칭카드를 주면 그 사물에 가져오세요.<br><br>제시3) 형용사를 명사 앞에 놓아 보기<br>• 다시 고양이 앞에 '검은'을 놓아서 '검은 고양이'가 되도록 한다.<br>• 흰 토끼의 '흰', 노란 개나리의 노란 은 모두' 형용사'인데 어떤 명사를 설명해 주는 말을 '형용사' 라고 해요.<br>1) 사물  2)형용사(진파랑 삼각형 심벌) 3) 명사(검정 삼각형 심벌)<br>   토 끼 ------    하 얀    ------------    토 끼<br>   돼 지 ------    파 란    ------------    하 늘<br>   해바라기------    검 은    ------------    돼 지<br>-1번의 토끼에 대한 이야기를 나누면서 형용사를 찾아본다.<br><br>제시4) 문구에 형용사의 상징(파랑색 삼각형)을 놓아 보자<br>• 선생님이 써 준 문구를 읽어보고 설명해 주는 형용사를 찾아 상징표를 놓아 본다. 나머지 이미 배운 명사나 동사 상징표도 놓아 보겠니?<br>• 형용사, 명사카드를 각기 늘어 놓아본다.(무겁다, 예쁘다, 공, 하늘 등)<br><br>제시5) 형용사의 반대말 짝짓기, 카드놀이 하기<br>• 무거운 가벼운, 얕은- 깊은, 두꺼운-얇은, 나쁜 좋은, 작은- 큰 적은-많은, 슬픈-기쁜, 작다-크다, 낮다 -높다, 쓰다-달다. |
| 흥미 요소 | 여러 가지 형용사로 수식되는 명사를 표현한다. |
| 실수정정 | 형용사의 상징과 형용사를 짝짓지 못할 때. |

| | | |
|---|---|---|
| 변형 확대<br>및<br>응 용 | • 문장에서 형용사를 찾아 형용사 상징표를 놓아 본다. | 지 도 상 의  유 의 점 |
| | | • 형용사의 상징인 파랑색 삼각형의 크기는 명사보다 작다는 것을 인식시킨다. |
| | | 관 찰 ( 아 동 평 가 ) |
| | | • '형용사'라는 명칭을 이해했는가? |

활동(41)

| 주 제 | 관 형 사 (Article) | 대상연령 | 만 3세 |
|---|---|---|---|
| 교 구 | 하늘색 바탕색을 댄 관형사 카드, 관형사 상징 심벌(하늘색의 작은 정삼각형(▲), 검정색 세모, 명사 상징 심벌, 볼펜 | | |
| 목 적 | 직 접 | 관형사는 명사 앞에 위치하고 명사를 꾸민다는 것을 이해한다. (형용사와 명사의 관계) | |
| | 간 접 | • 명사와 관형사의 쓰임을 알고 문장에서 쓸 수 있다.<br>• 질서감 자신감, 집중력을 기른다. | |
| 선행학습 | 명사의 역할과 기능 | | |
| 언 어 | 관형사, 명사. | | |
| 교 구 제 시 | | | |

| 관형사 ▲ | | |
|---|---|---|
| 종 류 | 예 시 | 예 문 |
| 체언의 성질을 나타내는 관형사<br>(체언의 성질이나 상태를 어떠한 의 방식으로 꾸며주는 관형사) | 온갖, 옛, 갖은 | 이곳에는 온갖 식물들이 살고 있다. |
| 어떤 사물이나 사람을 가리킬 때 쓰는 관형사 | 저, 그, 다른, 전(前) | 이 사람은 나의 오빠이다. |
| 명사의 수를 나타내는 관형사 | 한, 두, 모든, 전(全) | 영화 상연 중에 한 사람도 움직이지 않고 관람을 하였다. |

| | | |
|---|---|---|
| 활동과정<br>(상호작용) | ◉ 활동 명: 관형사(하늘색 정삼각형(▲)<br>• 지난 시간에는 명사에 대해서 공부를 했어요(명사학습의 상기)<br>• 오늘은 관형사에 대해서 공부할 거예요<br>• 교사는 유아에게 연필 한 자루를 주면서 은수야, (이)연필을 교실의 (저)쪽에 가져다 놓겠니?<br>• 영희야!, 이번에는 네가 (저) 볼펜 좀 가져올 수 있겠니? 라고 말한다.<br>• 기영아! 여기에 있는 (모든) 구슬을 주머니에 넣겠니?<br>• 여러분은 (큰)사과가 좋아요 (작은) 사과가 좋아요?<br>　관형사는 명사 앞에 붙은 이, 저, 그, 큰, 작은 등의 말들이다.<br>• 왜 이런 관형사를 붙일까요? 이야기 나누기<br><br>제시1) 활동: 관형사와 명사언어 카드 늘어놓기 놀이<br>• 관형사카드, 명사카드 관형사의 심벌, 명사의 심벌 카드가 담긴 바구니를 가져다 매트위에 놓는다.<br>　(관형사 상징표 놓는 곳)　　　(명사상징표 놓는 곳)<br>　　저　　　　　　　　　　　　연필<br>　　그　　　　　　　　　　　　꽃<br>　　이　　　　　　　　　　　　구슬  등으로 놓는다.<br><br>제시2) 언어활동(관형사+ 명사)<br>• 저) (연필) 좀 주시겠어요?<br>• (큰) (볼펜)이 좋아요<br><br>제시3) 형용사, 명사 카드놀이<br>• 세 가지 카드를 섞어서 늘어놓고 명사카드를 먼저 오른쪽에서 위에서 아래로 나열을 한다. 관형사는 명사를 꾸미는 말이기 때문이다.<br>• 다음엔 형용사 카드를 하나 집어 들고 그 말이 명사의 어느 것과 어울리는지 생각해보고 가장 적절한 명사카드 왼쪽에 놓는다.<br>• 또 한 가지 놀이는 관형사를 먼저 하나 집어 들고 어느 명사, 어느 형용사와 잘 어울릴 것인지 추리하여 맞게 놓는 일을 계속한다. | |
| 흥미 요소 | 명사 앞에 관형사를 놓는 일 | |
| 실수정정 | 명사 카드 앞에 관형사를 놓지 못할 때 | |
| 변형 확대<br>및<br>응　용 | • 관형사 언어카드와 명사 언어카드를 유아들이 직접 만들어서 놀이에 활용한다. | 지 도 상 의  유 의 점<br>• 명사와 관형사의 상징을 미리 미술영역에서 만들어서 준비해 둔다.<br><br>관 찰 (아 동 평 가<br>• 명사 앞에 관형사를 넣어 말할 수 있는가? |

### 활동(42)

| 주 제 | 조 사(a postpositional) | 대상연령 | 5세 이상 |
|---|---|---|---|
| 교 구 | • 조사의 상징표(연두색의 초등 달 모형), 조사 카드, 명사 카드, 문장카드, 종이, 연필 | | |
| 목 표 | 직 접 | • 조사의 역할을 이해하고 그 상징표를 안다. | |
| | 간 접 | • 표현력의 향상과 다양한 경험<br>• 문장의 구조를 이해한다. | |
| 선행학습 | 명사, 관형사, 형용사, 동사 | | |
| 언 어 | 은, 는, 을, 를, 가, 이, 에, 에는, 도 등 등 | | |
| 교구<br>제시 | 명사·조사·동사의 상징놓기 | | |

| | |
|---|---|
| 활동과정<br>(상호작용) | ◉활동 명: 조사의 사용<br>제시1) 조사의 역할<br>• 명사카드와 동사카드를 흩어놓고 문장을 만들어 카드를 붙여놓는다.<br>  예)집 간다,  또는 유치원 간다.  반복해서 읽어보도록 한다.<br>  (유아는 왠지 좀 이상함을 느낄 것이다.)<br>• 유아에게 읽어 보도록 하고 문장이 어떤지 묻는다.<br>• 교사는 여러 가지 조사 카드를 사용하여 문장을 만들어 본다.<br>  (예: 어린이집은 간다, 어린이집 을 간다, 어린이집 에 간다)<br>• 바른 문장이 어느 것인지 묻는다.<br>• 유치원에'간다. 에서 '에'를 조사라고 말한다.<br>• 조사의 역할은 항상 다른 말밑에 붙어서 그 말과 다른 말과의 관계를 연결시키는 것임을 설명하고 조사 상징표를 소개한다.<br>• 명사, 조사, 동사의 상징표(연두색의 초생 달 모양)를 글 위에 놓기.<br><br>제시2) 명사+조사+ 동사의 문장과 상징표 놓기<br>• 여러 가지 문장에서 조사를 찾아본다.<br>• 조사에는'을, 를, 에, 가, 는, 이, 은, 까지, 부터, 도, 와, 과, 에는, 에서 등' 여러 가지 종류가 있으며 문장에서 쓰임이 다르다.<br>  예) -연필     로     쓰다       - 그림     을    그리다.<br>     -장미꽃    을     보다       - 학교     에    가다<br>      의자     에     앉다       -우산      을    쓰다<br>   (명사 상징 놓기)(조사 상징 놓기) (동사 상징 놓기) 계속....... |
| 흥 미 점 | • 동사, 조사, 전치사를 이용해 문장을 만들어 보는 것 |
| 실수정정 | • 조사의 의미를 이해하지 못할 때. |

| | | |
|---|---|---|
| 변 형 확 대<br>및<br>응    용 | • 개인적으로  동화책에  나오는 동사 조사를 찾아 종이에 써 본다.<br>• 명령 놀이를 한다. | 지도상의 유의점 |
| | | • 명사, 조사, 동사와의 관계를 행동으로 지도한다. |
| | | 관찰 (아동평가) |
| | | • 문장에서 조사의 역할을 알고 상징표를 놓을 수 있는가 ? |

## 활동(43)

| 주 제 | 부 사(Adverb) | 대상연령 | 5세 이상 |
|---|---|---|---|
| 교 구 | • 부사의 상징표(직경 3 cm의 주황색 원), 부사 카드, 동사 카드, 종이, 연필 | | |
| 목 표 | 직 접 | • 부사의 개념을 알고 부사를 찾아 쓸 수 있다.<br>• 부사의 역할과 위치를 이해한다. | |
| | 간 접 | • 표현력의 향상과 다양한 경험으로 어휘능력을 향상시킨다.<br>• 문장의 구조를 이해한다. | |
| 선행학습 | 명사, 형용사, 관형사, 동사, 조사 | | |
| 언 어 | 부사의 종류 | | |
| 교구제시 | (사진: 부사와 동사 카드 - 열심히 읽다, 시끄럽게 울다, 천천히 걷다, 조용히 속삭이다, 빨리 뛰다, 크게 웃다, 멀리 던지다) | | |

| | |
|---|---|
| 활 동 과 정<br>(상호작용) | ● 활동명: 부사의 활용(한글의 부사에 영어의 전치사와 접속사가 함께 한다).<br>제시1) 부사의 역할과 부사 심벌(직경 3cm의 주황색 원)과 언어카드<br>• 교사는 개인 또는 소집단의 유아들과 함께 카펫 주위에 앉는다.<br>• 동사 카드를 한 장씩 읽으며 카펫의 오른쪽에 나열한다.<br><br>제시2) 한 개의 동사에 여러 가지 부사를 매칭<br>• 부사와 동사 카드(부사 언어카드 -주황색, 동사 언어카드 -빨간색)<br>• 동사카드를 하나 들고 부사카드를 연결하여 읽고 문맥이 이어지는 부사 카드 앞에 짝을 맞추어 놓고 엄지 검지로 짚으며 읽는다.<br>예)속닥속닥, 조용히, 예쁘게, 빨리, 천천히,(여러 개의 부사 준비 말한다(1개의 동사)<br><br>제시3) 한 개의 부사에 여러 가지 동사<br>• 부사에 따라 동작을 해 본다.(예: 크게 쓴다. 작게 노래를 한다. 등)<br>• 한 개의 동사 카드에 어울리는 부사카드를 찾기<br>  (예: 예쁘게 쓴다. 작게 쓴다. 크게 쓴다. 등)<br>• 한 개의 부사 카드에 어울리는 동사카드를 찾는다.<br>  (예: 예쁘게 쓴다. 예쁘게 웃는다. 예쁘게 쓴다. 등)제시3) 명사카를 나열한 뒤 의성어나 의태어를 나열한다.<br>  (예: 병아리-삐악 삐악. 고양이-야옹야옹. 나비-나풀나풀 등)<br>• 형용사와 부사와의 관계도 위와 같은 방법으로 반복한다.<br><참고><br>(1)소리 흉내 내는 말 -쨍그랑 으르렁, 똑똑똑 주룩주룩, 퐁당퐁당<br>(2)모양을 흉내 내는 말 - 동글동글, 흔들흔들 느릿느릿, 아장아장<br>(3)생긴 모양을 흉내 내는 말 -동글동글, 꾸깃꾸깃, 포동포동, 쫑긋쫑긋<br>(4)움직이는 모양을 흉내 내는 말-엉금엉금, 깡충깡충, 데굴데굴,<br>(5)색깔을 흉내 내는 말-울긋불긋, 파릇파릇, 노릇노릇, 얼룩덜룩<br>(6)동물 울음소리 흉내 내는 말-꼬꼬댁 뻐꾹, 꿀꿀, 멍멍멍, 음매 |
| 흥 미 점 | • 부사를 이용해 문장을 만들어 보는 것 |
| 실수정정 | • 부사의 의미를 이해하지 못할 경우 |

| | | |
|---|---|---|
| 변형확대<br>및<br>응  용 | • 개인적으로 동화책에 나오는 사를 찾아 종이에 써 본다.<br>• 동화책을 읽고 부사가 나오는 장면을 행동으로 표현해 본다.<br>• 부사카드 중에서 반대말을 찾아 명사 카드와 연결한다. | 지도상의 유의점 |
| | | • 부사와 동사와의 관계를 행동으로 지도한다. |
| | | 관찰 (아동평가) |
| | | • 문장에서 부사를 찾아내고 그 위치를 알 수 있는가 ? |

## 활동(44)

| 주 제 | 대 명 사 (Pronoun) | 대상연령 | 5세 이상 |
|---|---|---|---|
| 교 구 | • 대명사의 상징표(보라색의 이등변삼각형), 긴 종이, 연필.<br>• 명사 카드, 조사 카드, 동사 카드, 대명사 카드 | | |
| 목 표 | 직 접 | • 대명사의 역할과 위치를 이해한다. | |
| | 간 접 | • 사물에 대한 관심, 집중력, 분석력, 관찰력 | |
| 선행학습 | 명사, 관형사 | | |
| 언 어 | 관형사(이, 그, 저……) 대명사(이것, 저것, 그것) | | |
| 교구<br>제시 | (교구 사진: 대명사 상징표 아래 "저사람", "그것", "이사람", "그사람", "당신", "저것" 카드) | | |

| | |
|---|---|
| 활동과정<br>(상호작용) | ● 활동 명: 대명사 놀이<br>• 대명사는 변화가 없으며 문장에서의 기능은 명사와 같다.<br>• 말하는 사람, 듣는 사람과 지시되는 물건과 사이의 위치에 따라 인칭의 형을 달리해야 한다.<br><br>제시1) 대명사, 모음 표를 참고한다.<br>• 1인칭-나<br>• 2인칭-너, 당신<br>• 3인칭 근칭 -이사람 ,이것, 여기, 이쪽<br>　　　중칭 -그 사람, 그것, 거기, 그쪽<br>　　　원칭 -저사람 및 저 분, 저 것, 저기, 저 쪽<br>• 부정 칭- 어느 누구, 어느 것, 무슨, 어디, 어느 쪽<br><br>제시2) 대명사가 들어가는 문장의 예문<br>• ' 나' 는 김희수 입니다.　　'당신'은 누구십니까?<br>• '그' 는 책을 읽고 있습니다.　'그' 개는 여기에 없습니다.<br><br>제시3) 대명사와 그 심벌<br>• 명사 카드, 동사 카드, 조사 카드를 각각 읽고 카펫에 흩어 놓는다.<br>• 문장이 되도록 카드를 나열한다.(예: 집에 간다. 친구가 춤춘다)<br>• 대명사 카드를 한 장씩 읽으며 나열한다.<br>• 문장에 어울리는 대명사를 찾아 나열하고 읽어본다.<br>　(예: 나는 어린이집에 간다.　저기에서 친구가 춤을 춘다)<br>• 대명사의 역할-사람, 사물, 장소 등의 이름을 말하지 않고 직접 그 물건을 가리켜서 말할 때 사용)을 설명하고 상징표를 소개한다.<br>• 명사, 동사, 조사, 대명사의 카드를 섞어 놓고 다시 나열한 후 읽어 본다.<br>• 각의 상징표를 카드 위에 놓고 대명사의 위치를 안다.<br>• 대명사를 사용하여 문장을 만들어 본다. 종이에 문장을 써 본다. |
| 흥 미 점 | • 대명사를 사용해 보는 것 |
| 실수정정 | • 대명사의 위치를 잘 모를 때 |

| | | |
|---|---|---|
| 변형확대<br>및<br>응　용 | • 유아가 많은 문장을 접해서 문장의 구조를 익히게 한다. | **지도상의 유의점** |
| | | • 활동과정에 제시한 대명사의 모음표를 미리 준비한다. |
| | | **관찰 (아동평가)** |
| | | • 대명사의 기능을 알고 사용할 수 있는가? |

## 활동(45)

| 주 제 | 전 치 사 (Preposition) | 대상 연령 | 만 5세 |
|---|---|---|---|
| 교 구 | 위치지도(의자, 책상 등)물건들. 실물, 종이쪽지, 각 품사별로의 색연필, 실물들의 명칭카드(색깔 표시). 각 품사들의 입체 심벌(평면). 명령카드(동사). 인형, 쟁반 | | |
| 목 적 | 직 접 | • 단어들이 쓰여 지는 용도에 대한 이해를 증진시킨다.<br>• 지시어를 통하여 동사의 구체적인 개념을 갖게 한다. | |
| | 간 접 | • 전치사의 쓰임을 알고 바르게 말할 수 있다. | |
| 선행학습 | 명사, 형용사, 관사, 동사, 읽기에 대한 경험 | | |
| 언 어 | 품사, 명사, 형용사, 관사, 동사, 전치사, 단어의 기능 | | |
| 교 구 제 시 | 전치사는 원래 인도,<br>유럽어의 문법에 있어서<br>명사, 대명사의 앞에 놓여<br>다른 품사와의 관계를 보이는 말이다. (in, under 등)<br><br>우리나라는 조사에 전치사가 함께 한다고 보겠다.<br>전치사를 한글에서는 따로 할 필요는 없다.<br>그러나 영어에서는 1.명사, 2.관사 3.형용사(반의어, 동의어 포함)<br>4.전치사 5,동사, 6,부사. 7,접속사 8,대명사 9.감탄사 | | |

| | |
|---|---|
| 활동과정<br>(상호작용) | ● 활동 명: 전치사 (심벌-초록색 초승달 모양)<br>참고: 전치사는 원래 인도, 유럽어의 문법에 있어서 명사, 대명사의 앞에 놓여 다른 품사와의 관계를 보이는 말로 우리나라 조사에 함께하며 전치사의 지도 내용을 참고로 제시한다.<br><br>제시1) 영어의 전치사의 제시<br>• A야 ! 저 의자 쪽으로 가서 그 뒤에 한번 서 볼래?<br>　B야 ! 저 의자에서 멀리 떨어진 곳에 서 볼래?<br>　C야 ! 이번엔 의자 위에 앉아 볼래?" "D야 ! 의자 아래 앉아 볼래?<br>　위에, 앞에, 옆에, 아래모두 위치를 말해주는 말들이야."<br>　계속하여 여러 가지 위치놀이를 해 본다.<br><br>제시2) '전치사'<br>• 위치를 치를 나타내는 전치사에 대해 배웠지? 이번에는 게임을 해보자.<br>• 여기 상자 하나와 곰이 있어요. 이번엔 선생님이 어떤 메시지를 줄거야 (상자안의 곰 인형', '상자 옆의 곰 인형' )<br>• 위 제시한 대로 곰을 위 ,옆, 아래 또는 동, 서, 남, 북 등 교사의 지시카드에 따라 곰을 여러 위치로 놓아놓기(상자 속, 상자 위, 상자 밑)<br>• 우리는 이렇게 위치를 나타내는 말들을 '전치사'라고 한다.<br>　그럼 여기에 있는 전치사들을 읽어보자<br><br>제시3) 전치사의 사용과 특정한 상징(초록색 초승달 모양)을 제시.<br>• 우리 전에 위치를 나타내는 말에 대해 배웠지, 이번엔 새로운 것을 해 본다.<br>　(안에, 위에, 아래에, 옆에, 건너에 등의 전치사카드를 제시하고 상자와 곰을 이용해 어휘카드의 지시에 따른다)<br>• "상자 속에 있는 곰 인형" 하면서 곰을 상자 안에 넣는다.<br>• "이렇게 위치를 나타내는 말을 '전치사'라고 했지? 이 전치사의 상징(심벌)은 초록색의 초승달 모양이야, 선생님은 이 초록색 초승달 모양을 '전치사'위에 올려놓을 거야. 너희들도 해 보자.<br>• 교구를 제자리에 정리한다. |
| 흥미 요소 | 여러 가지 품사 심벌의 모양을 놓는 일 |
| 실수정정 | 전치사를 잘못 이해했을 때. |

| | | |
|---|---|---|
| 변형 확대<br>및<br>응 용 | • 동화책의 문장에 전치사를 찾아 상징(초록색 초승달 모양)을 놓아 본다. | 지 도 상 의  유 의 점 |
| | | • 전치사는 우리나라의 조사와 함께 한다 |
| | | 관 찰 (아 동 평 가 ) |
| | | • 우리나라의 언어에서 쓰이는 조사의 쓰임을 이해하는가? |

## 활동(46)

| 주 제 | 접속사 (Conjunction) | 대상 연령 | 만 5세 |
|---|---|---|---|
| 교 구 | 종이쪽지, 각 품사별 색연필, 실물과 실물들의 명칭 카드(색깔 표시), 품사 상징 들 명령카드(동사), 쟁반, 여러 가지 막대, 리본과 어휘카드 | | |
| 목 적 | 직 접 | • 지시어를 통해서 동사에 대해 구체적인 개념을 갖게 한다.<br>• 접속사의 의미를 알고 활용할 수 있다 | |
| | 간 접 | • 전치사의 쓰임에 대해 이해하고 활용할 수 있다 | |
| 선행학습 | 명사, 형용사, 관사, 동사, 전치사, 읽기에 대한 경험 | | |
| 언 어 | 품사, 명사, 형용사, 관사, 동사, 전치사, 접속사, 단어의 기능 | | |
| 교구제시 | | | |

| | |
|---|---|
| 활동과정<br>(상호작용) | 활동 명: 접속사 (영어 상징- 작은 분홍색 직사각형)<br>활동1)접속사의 심벌(분홍색)을 소개 한다<br>• 접속사 (그래서, 그리고, 더구나, 그러므로, 그러면서 등)를 넣어서 말을 만들어 본다.<br><br>제시1) 접속사의 상징인<br>• 달력(또는 반지, 스카프, 시계) 을 선생님에게 주겠니?<br>• 말이 좀 이상하구나. 뭐가 빠진 것 같다<br>• 네가 너의 스카프와 (그리고) 반지를 줄 수 있겠니?<br>• 그래 '그리고' 라는 말은 어떤 두 가지를 묶어주는 말이다.<br><br>제시2) '전치사'라는 용어와 그 쓰임을 알아본다.<br>• 오늘은 또 다른 새로운 게임을 해보자."<br>• 막대3개(둥근 막대, 사각 및 납작 막대),리본, 어휘카드를 활용한다.<br>• 책상위에 막대들을 놓아보자. 막대들의 명칭카드를 각각 놓아 본다.<br>• 교사의 지시대로 막대와 명칭카드를 짝지어 놓는다.<br><br>제시3) 3개의 막대를 어떻게 묶어볼까?<br>• 막대는 리본으로 묶고 명칭카드는 '그리고' 라는 말로 묶는다.<br>• (그리고)는 리본이 막대를 묶듯이 명칭카드를 묶으며 '접속사' 라고 해요.<br>• 전치사의 사용과 특정한 상징인 초록색 초승달 모양임을 알린다.<br>• 이것을 찾아 짝지어 보겠니? (막대와 명칭카드를 짝지어 놓는다)<br>• 그럼 이번엔 이 막대들을 리본으로 묶어 보겠니?<br>• 막대는 잘 묶었는데 이 명칭카드도 '그리고'라는 말로 잘 묶어본다. 이'그리고'라는 말이 접속사라는 것 배웠지? 선생님은 이 분홍색<br>• 직사각형 모양을 접속사 언어위에 놓을 거야. 나머지는 너희들이 해요<br>– 교구를 제자리에 정리한다. |
| 흥미 요소 | 접속사를 연속적으로 이어서 말해 보는 것<br>(강아지가 울었다. 그래서""" 그래서"""다) |
| 실수정정 | 접속사를 잘못 이해했을 때. |

| | | |
|---|---|---|
| 변형 확대<br>및<br>응 용 | • 동화를 읽으며 문장에서 접속사를 찾아 상징을 놓아 본다. | 지 도 상 의  유 의 점 |
| | | • 소그룹으로 활동하는 것이 효과적이다. |
| | | 관 찰 ( 아 동 평 가 ) |
| | | • '접속사'를 활용할 수 있는가? |

## 활동(47)

| 주 제 | 수사(numeral) 감탄사(Interjection), | 대상연령 | 만 3세 |
|---|---|---|---|

| 교 구 | 수사카드(회색) 수사의 심벌 (회색 동그라미), 감탄사 카드, 감탄사 상징(흰 금색 눈사람 모양), 사물 상자 |
|---|---|

| 목 적 | 직 접 | • 수사와 감탄사, 접속사의 의미와 쓰임을 바로 할 수 있다.<br>• 일기와 쓰기활동을 준비한다. |
|---|---|---|
| | 간 접 | • 수사와 감탄사를 넣은 말을 익숙하게 사용할 수가 있다. |

| 선행학습 | 수를 세어보는 일, 감격했던 일 |
|---|---|

| 언 어 | 카드에 나오는 언어(낱말), 수를 세는 말 |
|---|---|

| 교구제시 | **수 사** |
|---|---|
| | **양수사** / **서수사** |
| | 구체적인 양을 나타내는 수사 / 순서를 나타내는 수사 |
| | (1) 하나, 둘, 열, 스물<br>(2) 일, 이, 십일, 백, 천<br>(3) 한둘, 두엇, 두서넛, 너덧, 대여섯, 예닐곱 | (1) 첫째, 둘째, 열째, 열두째<br>(2) 제일, 제이, 제삼, 제사<br>(3) 여기, 저기, 거기 |

| | |
|---|---|
| 활동과정<br>(상호작용) | ◉ 활동 명: '수사'<br>제시1) 교사는 소그룹 내지 개별지도를 계획한다.<br>  -먼저 '수사'가 든 바구니(봉투)를 매트위에 놓는다.<br>  -수사란 사물의 수를 세는 말이다.<br>  -수사의 심벌 마크는 '회색 동그라미'야. 이 상징의 심벌을 보겠니?<br>  -수사의 낱말카드를 놓아본다.<br>      '수 사'        심벌 놓기(회색 원)<br><br>     한     마리          ○          첫째,   1위<br>     두     마리          ○          둘째,   2위<br>     세     마리          ○          셋째    3위   계속한다.<br><br>제시2) 수사는 수를 세는 단위 (셀 때의 단위 알아보기)<br>• 나무(한 그루, 두 그루-)   집(한 채, 두 채, 세 채-)<br>• 과일, 자동차, 책, 생선, 물통 등의 단위를 알아보고 세어 본다.<br>• 여러 문장을 써서 또는 동화책에서 문장을 찾아 상징을 놓아 본다.<br><br>제시3) 감탄사   -소그룹 도는 개별지도로 한다.<br>• 감탄사' 상징 심벌 카드는 흰 금색 눈사람 모양의 심벌을 본다.<br>• 사물을 보고 키게 느낌이 있을 때 표현하는 것이라고 설명한다.<br>• 감탄사 끝에 느낌표를 손가락으로 가리켜 본다.<br>• 감탄할 만한 그림과 감탄사를 쓴 언어카드를 놓은 후 상징표를 놓아 본다.<br>• 여러 가지 감탄할만한 그림이나 사진을 놓고 감탄사를 말해 본다.<br>• 준비한 예쁜 꽃그림을 매트의 앞에 놓고 감탄사 말하기 언어카드 놓기<br>  예) 뱀 그림 제시: 어머나 !,  -징그러워,<br>      -꽃그림 제시: -와! 예쁘구나.<br><br>제시4) 동화책에서 수사와 감탄사를 찾아 상징 카드를 놓기 |
| 흥미 요소 | 소리를 분해해보는 것. 이동 글자로 단어를 만드는 것 보는 것<br>감탄을 해 보는 일 |
| 실수정정 | 수사와 감탄사의 상징을 제대로 이해하지 못할 때 |
| 변형 확대<br>및<br>응 용 | • 수사, 감탄사 접속사를 넣어 직접 언어 카드를 만든 후 놀이를 한다.<br>• 수사를 찾아보기<br>• 감탄사를 찾아보기<br>• 접속사를 찾아보기 |

| 지 도 상 의 유 의 점 |
|---|
| • 감탄사와 수사는 서로 다른 시간에 학습하는 것이 좋다. |

| 관 찰 ( 아 동 평 가 ) |
|---|
| • 수를 세는 단위가 다름을 아는가? |

# 6. 총체적 언어의 활용

## 활동(48)

| 주 제 | -문장의 분석과 구성-<br>의성어, 의태어 외 | 대상연령 | 5세 이상 |
|---|---|---|---|
| 교 구 | 의성어 카드(분홍색), 의태어 카드(주황색),<br>복합어, 외래어 카드, 존댓말 카드, 다양한 장면의 그림카드<br>반대말, 비슷한 말 카드, 외래어 등 지도에 필요한 창의적인 교구준비 | | |
| 목 표 | 직 접 | • 의태어 의성어를 표현할 수 있다.<br>• 언어 표현의 확장을 기한다. | |
| | 간 접 | • 다양한 언어 경험으로 언어 표현능력을 기른다.<br>• 언어의 즐거움을 느낄 수 있다. | |
| 선행학습 | 품사 학습과정의 어휘력 확장 | | |
| 언 어 | 의태어, 의성어, 비슷한말, 반대말, 존댓말, 복합어 찾기 | | |
| 교구<br>제시 | 그림 - DK discover more at, my first apple,1990- | | |

| | |
|---|---|
| 활동과정<br>(상호작용) | ◉ 활동 명: 의성어, 의태어, 비슷한 말, 반대말, 복합어, 외래어<br>제시1) 의성어-자연의 소리에 의성어를 찾아본다.<br>• 종이에 동물의 이름(검정색으로 씀)카드를 매트의 왼쪽에 세로로 나열한다(강아지, 병아리, 송아지, 참새, 등)<br>• 동물의 울음소리(빨강색으로 씀)카드를 매트에 흩어놓는다.<br>• 동물과 울음소리를 짝지어 말하고 동물과 울음소리를 내 본다.<br>　(강아지- 멍멍, 병아리- 삐약, 삐약, 송아지- 음매, 참새- 짹짹 등)<br>• 종이에 동물과 울음소리를 쓴다.<br><br>제시2) 의성어카드는 왼쪽에, 의태어 카드는 오른쪽에 각각 위에서 아래로<br>　　　　의태어　　　　　　　　의성어<br>　　　　(카드)　　　　　　　　(카드)<br>　　　엉금엉금　　　　　　　콜록콜록<br>　　　사뿐사뿐　　　　　　　쿨쿨<br>　　　깡충깡충　　　　　　　바삭바삭　　처럼 놓기<br>제시3) 익숙해지면 카드를 마구 섞어놓고 의태어, 의성어를 분류해 본다.<br>• 의태어, 의성어 카드를 나열한 뒤 그림카드 옆에 일치시킨다.<br>• 의성어의 예문을 만들어 종이에 쓴다.<br>　(시냇물이 졸졸 흐른다. 비가 주룩주룩 내린다. 수돗물이 똑똑 떨어진다)<br>• 지금↔현재 의태어의 예문을 만들어 종이에 쓴다.<br>　(거북이가 엉금엉금 기어간다. 토끼가 깡충깡충 뛰어간다, 아기가<br>　아장 아장 걸어간다, 나비가 나풀나풀 날아간다. 눈이 펄펄 내린다.)<br><br>제시4) 비슷한 말과 반대말 찾기 놀이<br>• 비슷한 말:사람↔인간, 나라↔국가, 하얀↔흰, 지금↔현재<br>• 반대말(크다↔작다. 예쁘다↔밉다, 좋다↔싫다. 등) |
| 흥 미 점 | 명사, 조사, 동사가 만나서 아름다운 글을 만든 것을 경험하는 것<br>의성어, 의태어의 상징을 해당하는 낱말에 놓는 일단어로 놀이를 하는 것 |
| 실수정정 | 의성어와 의태어를 구분하지 못할 때 |

| | | |
|---|---|---|
| 변형확대<br>및<br>응　용 | • 다양한 단어놀이를 통하여 어휘의 폭을 넓힌다.<br>• 동화책에서 비슷한말, 반대말,<br>• 존댓말, 복합어, 외래어를 찾아본다. | **지도상의 유의점** |
| | | • 복합어란 두 가지 뜻을 가진 단어가 합쳐져 새로운 단어가 된 것이다(부모, 벌꿀, 신발) |
| | | **관찰 (아동평가)** |
| | | • 단어에 흥미를 가지고 놀이에 참여 하는가? |

## 활동(49)

| 주 제 | 문학작품<br>문예(동화,동시,동요)발표회 | 대상연령 | 만 3세 |
|---|---|---|---|
| 교 구 | 여러 가지 특징이 있는 유아용 동화, 동요, 동시집, 음악 | | |
| 목 적 | 직 접 | • 이야기 듣기에 집중력을 가지고 열심히 듣거나 읽는다.<br>• 책 읽기를 즐긴다. | |
| | 간 접 | • 책을 읽는 기쁨을 느낄 수 있다.<br>• 독서를 잘할 수 있다. | |
| 선행학습 | 자기표현 활동 | | |
| 언 어 | 동화, 동시, 음악 듣기 | | |
| 교구<br>제시 | 가자 가자  갖나무<br>오자 오자  옻나무<br>바람 솔솔  소나무<br>방구 뽕뽕  뽕나무  외 | | |

| | |
|---|---|
| 활동과정<br>(상호작용) | ◉ 활동 명: 동요, 동시 낭독회 및 토끼이야기 만들기<br>제시1) 미리 준비한 여러 가지 책을 읽는다.<br>• 자신이 재미있는 동요, 동시를 고른다.<br>• 교사가 동요, 동시를 골라서 실감이 나도록 낭독해 준다.<br>• 이제 낭독 발표를 하자고 의논을 한다.<br>• 한 사람이 한 가지씩을 고른다.<br>• 교사는 미리 동요나 동시, 짧은 동화를 고르도록 한다.<br>• 잘 읽고 잘 쓰는 유아는 간단한 동요나 동시를 써서 준비한다.<br>• 동요, 동시, 옆에 그림을 오려 붙이거나 직접 그려서 꾸민다.<br>• 한 사람씩 앞에 나와서 큰 소리로 낭독을 한다.<br>• 친구가 낭독을 할 때 끝까지 잘 듣는다.<br>  예)   가자 가자 갓나무<br>           오자 오자 옻나무<br>           바람 솔솔 소나무<br>           방구 뽕뽕 뽕나무<br><br>제시2) 동요에 대해서 이야기를 나눈다.<br>• 재미있는 말은 무엇인가?<br>• 두 번씩 반복되는 말은 무엇인가?<br>• 너희들이 낭독을 해 보겠니?<br>• 자신이 낭독한 동요나 동시를 다른 친구들이 볼 수 있도록 전시한다.<br><br>제시3) 원아가 함께 동화를 만든다.<br>• 제목 정하기(토끼와 거북)<br>  서로 말을 하며 이야기를 이어 간다.<br>  이때 아이들이 창의성을 발휘하도록 격려를 한다.<br>  (토끼가 이길 수도 있을 것이다-창의적 사고) |
| 흥 미 점 | 이야기의 주제를 정하고 함께 이야기를 만들어 가는 것 |
| 실수정정 | 낭독하는 일에 극히 소극적일 때 |

| 변형 확대<br>및<br>응 용 | • 토끼가 이길 수 있는 연극을 해 본다.<br>• 유아들이 고루고루 발표를 하고<br>  즐기도록 한다. | 지도상의 유의점 |
|---|---|---|
| | | • 교사는 유아용 도서를 충분히 마련한다. |
| | | 관찰 (아동평가) |
| | | • 글 읽기를 즐기며 아는 단어를 정확한 발음으로 읽는가? |

## 활동(50)

| 주 제 | -문장 및 언어 확장-<br>존대 말, 합성어, 화폐 관련 용어 | 대상연령 | 만 3세 |
|---|---|---|---|
| 교 구 | 그림이 없는 단어만 있는 책, 존대 말, 그림과 문자 합성어, 날짜읽기, 수 세기 단위 화폐의 용어 등을 지도할 수 있는 각 창의적인 교구 | | |
| 목 적 | 직 접 | • 언어를 순발력이 있게 구사할 수 있다.<br>• 응용력과 창의력, 질서감을 기른다. | |
| | 간 접 | • 생활언어의 확장과 상황에 다른 어휘능력을 기른다.<br>• 미래에 모국어와 외국어를 사랑하며 언어를 사용하여 인류 평화에 공헌한다. | |
| 선행학습 | 언어(단어)의 단어 놀이 | | |
| 언 어 | 교구와 관련한 여러 가지 용어 | | |
| 교구 제시 | | | |

| | |
|---|---|
| 활동과정<br>(상호작용) | ● 활동 명: 존대 말, 합성어, 화폐 세기<br>제시1) 존대 말: 글씨카드를 위에서 아래로 나열하여 여러 번 읽고 생각한다.<br>  - 존대 말을 알아보고 생활에서 예절에 맞는 용어를 익힌다.<br>        주다.--------드리다.      밥 ― 진지,<br>        먹다.--------잡수시다.   잔다.― 주무신다,<br>        간다.--------가신다.     먹는다.― 잡수신다.<br>  - 존댓말 카드놀이(어른에게 하는 높임 말'이란다.<br><br>제시2) 복합어(두 가지 뜻을 가진 단어가 합쳐져 새로운 단어가 된 것<br>• 복합어 카드(예: 부모, 수저, 흑판, 빨래집게, 벌꿀, 신발) 찾기<br><br>제시3) 외래어(외국에서 들어온 말을 '외래어'라고 한다.<br>• 예) 카메라, 바나나, 로봇, 스펀지, 디지털, 핸드폰, 텔레비전)<br><br>제시4) 합성어<br>• 끝소리(ㄴㅎ) 많다, 끊다, 않다 등의 낱말 카드를 제시한다.<br>• 매트에 단어카드를 위에서 아래로 나열학고 하나씩 읽는다.<br>• 이동 글자판에 가서 작은 쟁반에 외우고 간 단어를 만들 수 있는<br>• 이동글자를 가져온 후 카드의 글자 옆에 이동글자로 단어를 만든다.<br><br>제시5) 한글로 날짜 읽기<br>• 날짜를 숫자와 우리말로 읽기<br>• 날짜를 숫자만 쓴 카드 1장.  한글카드 1세트<br>• 제일 앞장과 똑같이 구성할 수 있는 판 1장과 숫자카드 1세트,<br>• 1일↔하루,    일↔이틀,    3일↔사흘,    4일↔ 나흘<br><br>제시6) 화폐단위 용어: 우리나라는 '원,' 미국 등 '달러', 유럽은 유로화, 등 |
| 흥미 요소 | 활동과정의 여러 가지 색다른 작업을 하는 것 |
| 실수정정 | 교구사용에 집중이 되지 않은 때 |

| | | |
|---|---|---|
| 변형 확대<br>및<br>응 용 | • 각 활동별 추가활동을 교사가 제공한다. | **지 도 상 의 유 의 점**<br>• 학습활동이 난이도가 없도록 조절한다.<br>• 동음 이의어학습도 가능하며 아이들이 즐긴다 (말, 말) |
| | | **관 찰 ( 아 동 평 가 )**<br>• 언어를 순발력이 있게 구사할 수 있다. |

## 활동(51)

| 주 제 | 창작 및 탐험<br>긴 이야기 쓰기 | 대상연령 | 만 4~5세 |
|---|---|---|---|

| 교 구 | 여러 그림카드, 간단한 문구 카드, 이동자모, 사물, 주제 목록, 쓰기용 매트 가로 20 cm x 세로 5cm 정도로 긴 종이를 준비 한다 |
|---|---|

| 목 적 | 직 접 | • 연필을 바르게 쥘 수 있다.<br>• 각자 수준별로 어떤 일을 6하 원칙에 따라 글을 쓴다. |
|---|---|---|
| | 간 접 | • 언어를 순발력이 있게 구사할 수 있다.<br>• 여러 개의 품사를 붙여가면서 긴 글을 써 본다. |

| 선행학습 | 콩 집기, 꼭지 원기둥 |
|---|---|

| 언 어 | 이야기, 쓰기 |
|---|---|

| 교구제시 | |
|---|---|

| | |
|---|---|
| 활동과정<br>(상호작용) | ● 활동 명: 이야기 쓰기 (쓰기 단계 확장)<br>제시1) 긴 글쓰기 준비<br>• 교사는 이동 자모와 쓰기용 매트를 책상에 준비한다.<br>• 오늘은 새로운 것을 해보자. 긴 글을 써 볼 거야<br>• 주제(제목)를 정해본다<br>• 네가 제일 좋아하는 과일에 대해서 써보자.(사과 딸기, 바나나 등)<br>• 네가 좋아하는 음식은 무언인가?(볶은 밥, 불고기, 등) -판서한다.<br>• 좋아하는 옷에 대해서 말하고 써 본다.<br>　비 옷, 반바지, 원피스, 잠옷, 운동복, 스키복<br>• 좋아하는 동물에 대해서 말하고 써 본다. 이렇게 점차 늘려 나간다.<br><br>제시2) 이야기 쓰기<br>• 빨간색 원, 초록색 원, 노란색 원의 기능을 상기시킨다.<br>• 오늘은 여러분의 문장을 시작하는 위치에 초록색 원을 놓고<br>　문장을 쓰며 떠어서 쓸 때는 노란색 원을, 문장이 모두 끝날 때는<br>　빨간색 원을 놓아 본다.<br>• 앞에서 배운 어구를 이용해서 이야기를 만들어 써 본다.<br>　'우리 집에는 강아지와 고양이가 있습니다. '<br>　강아지는 꼬리를 흔들면서 나를 좋아합니다.'<br>• 유아들은 자기가 쓴 글을 친구에게 읽어 준다.<br>• 모두 쓰면 교사는 여러 아이들에게 한번 읽어준다.<br>• 종이에 아동이 쓴 글자를 하나씩 발음해 가며 써서 아이에게 준다. |
| 흥미 요소 | 긴 글을 만들어 읽어 보는 일 |
| 실수정정 | 철판도형의 모양, 연필조정 능력, 시각 |

| | | |
|---|---|---|
| 변형 확대<br>및<br>응 용 | • 유아가 선 뜻 글의 제목을 정하기가 어려우므로 사전에 미리 여러가지 제목을 카드에 써서 보여주면 아이는 쉽게 제목을 선정할 수가 있다.<br>• 좋아하는 옷, 모자, 꽃, 음식 등 다양한 제목을 주어 문자로써 보는 경험을 준다. | **지 도 상 의 유 의 점**<br>• 유아에게 동기 유발이 가능한 소제로 접근하도록 한다.<br><br>**관 찰 ( 아 동 평 가 )**<br>• 언어를 순발력이 있게 구사할 수 있고. 어구를 이어 간단한 이야기를 만들어 쓸 수 있는가? |

## 활동(52)

| 주 제 | -창의적 표현-<br>나의 책 만들기 | 대상연령 | 만 4세 반 |
|---|---|---|---|
| 교 구 | 유아가 그린 그림이나 그림 잡지책(오늘 가위로 오려낼 책), 바늘, 실, 마분지, 필기도구가 담긴 바구니. | | |
| 목 적 | 직 접 | • 책을 직접 만들어 봄으로서 쓰기, 읽기의 표현능력을 기른다. | |
| | 간 접 | • 사고력과 창의력을 기르며 책과 친근감을 갖는다.<br>• 언어를 순발력이 있게 구사할 수 있다. | |
| 선행학습 | 동화 이야기 | | |
| 언 어 | 책 만들기, 준비물 이름들 | | |
| 교 구<br>제 시 | | | |

| | |
|---|---|
| 활동과정<br>(상호작용) | ◉ 활동 명: 나의 책 만들기<br>제시1) 나는 오늘 어떤 책을 만들까요?<br>• 제목은 무엇으로 정해 왔나요?<br>• 교사는 여러 가지 모양의 책을 보여 준다<br>• 오늘 만들 책의 제목을 정해 본다.(자동차, 나무, 동물, 음식, 옷, 우리 나라, 산과 강, 바다 등 에서 한 가지씩을 고른 다<br>• 몇 페이지 자리 책을 만들까? 정한다.<br>• 언어를 순발력이 있게 구사할 수 있다.한 페이지의 크기를 자신이 정한다.<br>• 책상위에 앉아서 잡지책을 보면서 오늘 만들 내용과 관련된 그림들을 찾아 2-3개 정도 오린다. (원하는 대로).<br>• 유아가 만들 수 있는 책의 범위는 1페이지부터 8페이지 내외에서 다양하게 만들도록 선택권을 준다.<br>• 첫 페이지에는 무엇을 쓸까요?<br>• 제목은 어떻게 쓸까요?<br>• 자기 마음대로 그림도 붙이고 문구도 써 넣어 봅시다.<br>• 색칠은 어디에 할까요?<br><br>제시2) 완성된 책 발표- 친구들에게 보여 주고 안내한다.<br>　 (교사가 거들어 주고 여러 가지 정조를 충분히 나누도록 한다.<br>• 우리가 만든 책을 집에 가서 엄마 아빠께 보여드리고 내일 다시 가져와서 도서 영역에 꽂고 여럿이 돌려가며 볼까요? |
| 흥미 요소 | 책을 만들어 보는 것 |
| 실수정정 | 제목이 없이 만들어 진 책 |

| | | |
|---|---|---|
| 변형 확대<br>및<br>응 용 | • 도서 영역에 있는 책을 자주 선택하는 아이를 관찰하여 책읽기를 도와 준다.<br>• 유아가 선택한 책을 작은 목소리로 조용히 읽어 준다. | 지 도 상 의 유 의 점 |
| | | • 주제는 교사가 미리 여러 개를 만들어 가정에서 선택해 오도록 한다. |
| | | 관 찰 (아 동 평 가) |
| | | • 만들기를 즐거워하고 열심히 만들었는가? |

## 부록

### ◉ 몬테소리의 민감기 아이들의 배움에 대하여!

1. '아이의 업무는 무엇이고 교사의 역할은 무엇인가?

    가) 아이의 업무

    1) 아이가 출생과 동시에 가장 중요한 업무는 환경에 적응하는 것이다. 아이는 어느 국가, 어떠한 환경에서도 스스로의 적응력을 가지고 태어난다. 아이는 스스로 그 시대의 문화나 환경에 적응해 내야하는 업무를 지녔다.
    2) 아이는 무한한 잠재능력을 가진 자유로운 존재로써 끊임없이 자신을 창조해가는 업무를 가지고 있다.
    3) 아이자신이 스스로 자신의 잠재력을 개발해서 사람과 밀접한 관계를 형성하고 생존해가 기 위한 신체적, 정신적으로 발달해야 하는 업무를 가지고 있다.
    4) 무의식 단계 아이의 가장 큰 과업은 '자기 돌보기'의 업무이다.
    5) 무의식 단계의 아이들은 모방의 업무를 가지고 있다.
    6) 고유의 전통 문화의 계승발전의 업무를 가지고 있다.

    나) 교사의 임무

    1) 아이가 자유스러운 환경 속에서 정신적, 신체적으로 균형 있는 발달과업을 수행하고 오감을 고루 자극할 수 있는 교실 내외에 교구환경을 제공한다.
    2) 아이는 외부자극에 적응력이 부족하기 때문에 아이의 집중을 깨뜨리지 않도록 아이로부터 멀리 떨어져 관찰을 해야 한다.
    3) 아이 스스로가 자신을 건설해가는 풍부한 능력의 시기임을 존중하고 교사의 강요나 성급함이 없어야 한다. 아이의 선택이나 작업에 존경심을 가지고 기다려야 한다.
    4) 교사는 아동에 대한 개입에 주의해야 한다. 즉 교사는 아이의 활동에서 필요 이상의 개입을 지양하고 필요한 개입은 신중히 가려서 임해야 한다.

5) 교사는 앞으로 아이의 끊임없는 창조를 위하여 간접적인 기술의 관계를 통해서 독립적이고 자발적인 활동을 허용하고, 아이로 하여금 계속적인 정복으로 자기완성에 도달할 수 있도록 한다.

6) 교사는 아이의 민 감기의 적기를 놓치지 않도록 지속적인 관찰로 피드백 한다.

7) 생활에 적응하는 경험을 줄 수 있도록 문화영역의 각 국가의 다양한 문화와 전통적 환경을 접하도록 한다.(예: 시장구경, 음식, 의복, 풍습, 환경적 다양성)

8) 아이는 자기 돌보기의 업무수행을 통하여 어린이들의 자유를 존중하고 자유롭게 탐구, 탐색하므로, 독립적인 아이의 작업 성취를 돕는다.

9) 특히 일상영역을 통하여 그 나라의 사회적 요소인 인종 차별 또는 언어나 문화를 반영하며 특히 다국적 전통 문화에 접근하는 지도가 필요하다.

10) 부모교육을 통하여 학교와 가정교육의 일체감을 형성하고 부모는 아이와 함께 태어난 본 국적의 전통문화를 계승, 발전하도록 지도해야 한다.

2. 아이의 의식 상태와 무의식 상태의 행동은 어떠한 차이가 있는가??
1) 무의식 민감기는 생태학적으로 볼 때 중추신경과 두뇌의 미발달의 상태이다. 즉 아이는 빛 냄새 소리, 감각 등의 모든 자극을 동시에 한꺼번에 겪게 되는데 이러한 외부의 자극을 차단하거나 끊을 수 없는 능력의 상태이다. 따라서 금방 방해를 받아 집중이 깨지기도 하고 즉흥적으로 다른 행동으로 옮겨지기도 한다. 결국 아이는 매우 산만하고 집중력이 약하여 아무런 생각이 없이 부딪치는 대로 행동부터하게 된다.

2) 그러나 의식적 민감기는 이러한 외부 자극을 조금씩 조절할 수 있거나 끊을 수 있는 상태로 발달하며 탐험 성을 가지게 되는 것이 특징이다.

3) 아이들의 창조란 모든 것이 환경(작업)의 경험을 통하여 이루어지며 이것은 행동을 통하여 단단하게 형성되어 간다.(M 흡수정신에서)
민감기는 풍부한 능력을 갖는 특정한 시기이며 민감기의 아이는 환경으로부터 많은 것들을 자연스럽게 흡수하여 자기완성에 도달할 수 있다

3. 아이에게 존중 감을 보이기 위하여 교사가 할 일은 무엇인가?
1) 교사의 언행은 천천히 안정되고 평화스럽게 움직여서 아이의 작업을 방해하지 않아야 하며 아이의 선택을 존중해야 한다.

2) 교실에서 멀리 있는 아이를 부를 때 조용히 부르고 이야기하며 일관성 있는 언행을 보인다.
3) 아이를 도와주기 전에 말로 아이와 시선을 맞추어 신뢰감을 형성하고 할 일을 말한다.
4) 어린이가 어떤 한계에 부딪쳤을 때를 대비해서 깊이 관찰하면서 도와줄 수 있는 시기를 기다린다.(개입시기의 적절성)
5) 어린이가 교사를 부를 때 반드시 응해주고 이때에는 아이의 말속에 있는 내심의 요구까지 들어주며 약속은 꼭 지켜준다.(신뢰감 ,존 중감 형성).
6) 아이 활동의 오류에 대해서는 함부로 직접 지적하거나 교사의 객관적인 결정이나 판단을 지양하고 그러나 잘못된 상황에 대해서는 반드시 옳은 방법을 알려준다.
7) 교사는 아이가 혼자의 힘으로 자신의 정신을 쌓아가는 동안에 만족한 성취에 이를 수 있음을 알고 기다려 주어야 한다. 아이는 자신을 창조해가는 무한한 잠재력을 지닌 자유로운 존재로써 아이 스스로 자신의 잠재력을 전개시켜 나갈 수 있도록 돕는다.
8) 결코 아이에게 어떠한 책임도 부과해서는 아니 되며 아이가 언제나 부탁해 올 수 있도록 배려하고 그 때마다 정확한 방향제시를 해 주어야 한다.

## 4. 아이들이 최고로 잘 배울 수가 있는 때는 언제인가?
1) 아이가 의식을 갖기 전에 환경으로부터 모든 것을 무의식적으로 강하게 흡수하는 능력이 0-6세까지 지속되며 무의식단계에서 점차 의식의 단계로 진행이 된다.
2) 무의식적 단계(0-3세)는 아이가 가능한 모든 인상들을 무의식적으로 흡수하여 자신의 인격의 일부로 만들어 간다. 몬테소리는 이러한 아이의 정신을 '사진기로 찍은 사진'에 비유하였다. 이 시기의 흡수정신은 능동적으로 나타나며 모국어 습득에 특히 중요하다.
3) 아이는 끊임없이 자신을 창조해가는 무한한 창조성을 가지고 있으며 아이 스스로의 잠재력을 전개시켜가는 시기이기 때문에 최고로 잘 배울 수가 있다.
4) 아이에게 매혹적이고 흥미로운 준비된 환경이 마련되어 있을 때 최고로 잘 배울 수가 있다.
5) 아이의 자유와 아이의 작업을 인정하고 존경해 줄 때 최고로 잘 배울 수가 있다.

6) 질서에 대한 민감기: 1세에서 2세까지 나타나며 얼핏3세를 정점으로 점차 소멸이 된다. 따라서 교사의 아이들에 대한 다양한 환경제공, 교사의 아이에 대한 적절한 개입이 주어질 때 최고로 잘 배우게 된다.
7) 오감에 대한 민감기는 2개월에서 2세까지 나타나므로 오감을 자극하는 감각 교구가 있을 때 최고로 잘 배울 수가 있다.
8) 움직임에 대한 민감기: 출생에서 6세에 나타나며 무작정 움직여서 조화롭고 세련된 움직임으로 충분히 발달하게 된다.
9) 작은 사물에 대한 민감기: 2-3세에 나타나며 얼핏 보기에는 눈을 뜨지 않은 작은 것에 주목하며 큰 관심을 나타낸다.
10) 언어의 민감기: 태아에서 3세까지로 상호작용을 통해서 언어 자극을 할 때이다.

5. 아이들이 준비된 환경 속에서 이익을 얻게 되는데 그 까닭은 무엇인가?
1) 아이의 내적 욕구나 흥미에 부합된 외적조건(준비된 환경)속에서 아이의 강한 집중이 가능한 시기이기 때문이다.
2) 준비된 환경은 아이를 가르친다. 몬테소리의 '교구는 아이의 스승이다.' 라는 말과 같다. 아이가 환경과 직접적인 접촉으로 다양한 경험이 이루어지기 때문이다.
3) 아이가 준비된 환경에서 스스로 작업을 선택하고, 작업에 진정한 흥미와 반복으로 성취감과 자신의 내적훈련의 정상화가 이루어 질 수 있기 때문이다.
4) 아이는 환경 속에서 점차 의식을 갖게 되며 인간다운 삶을 건설해 갈수 있는 경험을 하게 되고 아이의 개혁적, 건설적인 힘을 발휘할 수 있기 때문이다.
5) 자신의 손으로 하여금 준비된 환경으로 작업을 하게 되는데 근육운동의 향상, 몸의 균형감각, 조정능력, 눈과 손의 협응력, 대근육과 소근육의 발달을 돕게 되고 손의 활동에 의한 뇌의 발달을 촉진하게 된다.
6) 준비된 환경은 아이가 최고로 잘 배울 수 있는 여건이 된다. 그 이유는 교구매체나 환경은 아이에게 다양한 경험과 반복활동이 주어지기 때문이다.
7) 준비된 환경 중 잘 배울 수 있는 여건은 곧 교사이다.
준비된 교사는 아이에 대한 철학과 지도력이 겸비되어 있기 때문에 아이에 대한 존경심과 교육적 배려가 충분히 이루어질 수 있다.

```
판 권
본사소유
```

**개별화 교육을 위한 몬테소리 교육 학습지도안**

**언 어 영 역 (3~6세)**

발행일 : 2009년 9월

저 자 : 권 명 자,

발행인 : 임 남 일

발행처 : 도서출판 **몬테소리**

서울시 강남구 대치동 891-23 대우아이빌 명문가 4차 101-1004호

전화: 02-557-2905

fax:02-557-2905

E-mail: 109kwon@hanmail.net

등록 : 2003. 10. 1

(ISBN. 89.908931-9-4)

값 12,000원

잘못된 책은 교환해 드리며 불법복제를 금함.